Deleuze: as diferenças intensivas e a potência do pensamento

Universidade Federal de São Paulo

Reitora pro tempore — Raiane Patrícia Severino Assumpção

Editora Unifesp

Conselho Editorial — Cynthia Andersen Sarti (presidente)
André Medina Carone
Bruno Feitler
Esther Solano
Francisco Foot Hardman
Gabriel Cohn
José Castilho Marques Neto
Letícia Squeff
Mauro Aquiles La Scalea
Paulo Schor
Valéria Petri

Diretora	Cynthia Andersen Sarti
Editora executiva	Ana Maria Fiorini
Chefe administrativo e comercial	Francisco Santos
Assistente editorial	Caroline Saraiva
Analista de marketing digital	Marcus Lamagna
Consultoria	JCastilho Gestão & Projetos
Planejamento e gestão	José Castilho Marques Neto
Feiras e eventos	Willian Saragoça

Fundação de Apoio à Universidade Federal de São Paulo

Diretora Presidente	Maria José da Silva Fernandes
Conselho de Administração	Flávio Tayra
	José Leovigildo de Melo Coelho Filho
Superintendente de Publicações	Cynthia Andersen Sarti

n-1
edições

Coordenação editorial	Peter Pál Pelbart e Ricardo Muniz Fernandes
Direção de arte	Ricardo Muniz Fernandes
Preparação	Ana Paula Luccisano
Assistência editorial	Inês Mendonça
Revisão	Letícia Bergamini Souto
Edição em LaTeX	Paulo Henrique Pompermaier
Capa	Érico Peretta

Sandro Kobol Fornazari

Deleuze: as diferenças intensivas e a potência do pensamento

Deleuze: as diferenças intensivas e a potência do pensamento
Sandro Kobol Fornazari

Copyright © 2023 Editora Unifesp

Dados Internacionais de Catalogação na Publicação (CIP) de acordo com ISBD

F727d   Fornazari, Sandro Kobol

Deleuze: as diferenças intensivas e a potência do pensamento / Sandro Kobol Fornazari. – São Paulo : Editora Unifesp ; n-1 edições, 2023.
148 p. ; 14cm x 21cm.

Inclui bibliografia e índice.
ISBN: 978-65-81097-20-2 (n-1 edições)
ISBN: 978-65-56321-46-2 (Unifesp)

1. Filosofia. 2. Deleuze. I. Título

2023-1996

CDD 100
CDU 1

Elaborado por Vagner Rodolfo da Silva – CRB-8/9410

Índice para catálogo sistemático:
Filosofia 100
Filosofia 1

Apoio Fapesp
As opiniões, hipóteses e conclusões ou recomendações expressas neste material são de responsabilidade do(s) autor(es) e não necessariamente refletem a visão da Fapesp

A Editora Unifesp é associada à Associação Brasileira das Editoras Universitárias

Direitos em língua portuguesa reservados à

Editora Unifesp
Universidade Federal de São Paulo
Rua Sena Madureira, 1 500 – 5 o andar
Vila Clementino – São Paulo – SP – 04021-001
(11) 5576-4848 ramal 8393
www.editoraunifesp.com.br

@EditoraUnifesp

@EditoraUnifesp

@editoraunifesp

Impresso no Brasil 2023
Foi feito o depósito legal

Prefácio, por Mariana de Toledo Barbosa		7
Nota liminar		13
Introdução		21
1	A crítica ao primado da identidade e o conceito de diferença	31
2	Como no mundo se constitui o sujeito	53
3	A crítica deleuziana à subjetividade transcendental de Kant	73
4	Teoria diferencial da subjetividade: sensibilidade e memória	95
5	Teoria diferencial da subjetividade: o pensamento	115
Agradecimentos		139
Sobre o autor		141
Referências bibliográficas		143

Prefácio
Um esforço para perseverar no pensamento

MARIANA DE TOLEDO BARBOSA[*]

Quando nos encontramos no meio de Deleuze, acontece de sentirmos tudo girar, como o diabo no meio do redemunho. São tantos os caminhos que se entrelaçam, que nos vemos puxados em várias direções, sem saber muito bem por onde ir. É que pensar é muito perigoso: não há sujeito ou corpo que resista. Não à toa o alívio sentido ao encontrar um mapa.

Este livro, *Deleuze: as diferenças intensivas e a potência do pensamento*, se mostra, à primeira vista, desses mapas tão bem desenhados, e com tamanha clareza, que tem a vocação de ser adotado rapidamente por muitos. Sandro Kobol Fornazari nos conduz pelas tentativas de Deleuze de criar com os filósofos que comenta, expondo generosamente as críticas e aproximações. Aponta-nos, de maneira ao mesmo tempo precisa e concisa, as relações de Deleuze com Aristóteles, Platão, Hume, Kant, Nietzsche. Parece nos guiar numa floresta densa, em que perdemos nossos nomes, abrindo trilhas, desvelando clareiras. Ilumina, assim, a orla entre a história da filosofia e a filosofia: esta orla tão difícil de delimitar, e que nunca separa inteiramente uma da outra. Como o próprio Deleuze diz, são os primeiros ensaios de um filósofo para se lançar enfim na filosofia, não muito distintos da necessidade que experimentou Van Gogh de utilizar tons pastéis antes de se arriscar nas cores.

---

[*]. Professora do Departamento de Filosofia da Universidade Federal Fluminense.

Mas Fornazari não hesita em avançar e mergulhar ainda mais neste fundo atraente e aterrorizante, que dissolve sujeito e objeto e se povoa de intensidades. Porque o retrato de Deleuze não é feito apenas com os traços tomados de uns, contrastantes com aqueles de outros. É também uma espécie de rosto que escorre, atraído por esse fundo assustador, como num dos gritos pintados por Francis Bacon. E esse fundo, que Deleuze instala na filosofia dos que comenta, como Platão, também subjaz à sua própria filosofia, como aquilo que a anima e a ameaça: será o pensamento capaz de se singularizar a partir dele, ou será ele impedido pela besteira, subordinado pelo estado? São os riscos inerentes ao pensamento, sempre à espreita.

Este livro nos remete ao esforço de João e Maria ao jogar pedacinhos de pão pelo caminho, na tentativa de deixar um rastro a ser seguido, de modo a conseguir retornar à sua casa. Mas é só uma impressão inicial, que marca a sua primeira metade. Ao continuar, notamos que não há fio neste labirinto deleuziano e somos arrastados por um devir que desfaz as coordenadas habituais. Nenhum sujeito escapa. E, no entanto, aí está a única saída à obediência, à submissão: aprender, aprender a pensar ao ser tocado pela violência da diferença. Tornar-se uma singularidade, abdicando de sua subjetividade, de sua pessoalidade, de sua individualidade, em prol de uma individuação que precipita a singularização do pensamento. Nada é garantido. Mas não há outra forma de afirmar a vida a não ser se deixar atravessar por esta intensidade, que impacta todas as faculdades: sensibilidade, memória, pensamento. Apenas assim abandona-se o torpor do pensamento por uma potência de pensar e de agir.

Do mesmo modo que Deleuze percebe, na *Ética* de Spinoza, dois ritmos distintos: um mais lento, concernente ao desenvolvimento conceitual evoluindo por uma sequência de etapas finamente encadeadas, e outro mais acelerado, em que irrompem os afetos em observações agressivas e polêmicas, também aqui se notam dois ritmos entremeados. Há uma espécie de intermitência entre a sofisticação conceitual e as pontuações que nos convoca a nos posicionar, ética e politicamente, em face do que é dito. Porque, neste livro, se vai do pensamento à política e da política ao pensamento. Este é mais um dos seus méritos: explicitar a indiscernibilidade entre pensar e agir. O pensamento é imediatamente ação. E a ação é imediatamente política. Assim, na segunda metade, notamos uma virada próxima à que se vê em *Diferença e repetição*, quando, uma vez subtraídos todos os postulados que capturavam o pensamento numa imagem moral, este se põe a variar, a se diferenciar, a assumir uma consistência nova. O texto adquire uma velocidade maior, como um vento que nos empurra pelas costas. A linha quebrada do encadeamento divergente entre as faculdades se torna definitivamente inseparável da fragmentação do sujeito. E a grande ameaça pressentida assume dois nomes, dentre os tantos que possui: besteira, forma-estado. Na vida de nossas retinas tão fatigadas, precisamos nos libertar dos perigos sempre à espreita: a impossibilidade de singularizar um pensamento, a reiteração das verdades e poderes estabelecidos. Para resistir à servidão, em vez de lutar por ela como se se tratasse de nossa salvação, é necessário pensar, aprender a pensar. Este é o apelo que nos endereça Deleuze, e que este livro faz ecoar tão agudamente: pensar é agir. Por isso os riscos se impõem, pois não há separação entre o pensamento e a política, entre criar conceitos e enfrentar tudo que é insuportável e nos deixa os olhos arregalados e ardendo. Só pensamos forçados, e o que nos força é essa dimensão intolerável da vida, que nos engaja num devir-revolucionário, num devir-minoritário, que se impõe contra qualquer preservação do sujeito, da besteira ou da forma-estado. Pensar é muito perigoso mesmo. Pensar, aprender a pensar, é afirmar a vida. Este é nosso grito, junto com Fornazari, por uma vida não fascista. Nosso esforço coletivo para perseverar no pensamento.

para Romeu
e a delicadeza dos gestos que ensinam
o quanto pode a vida e o quanto nos move o amor

Nota liminar
O devir-Deleuze

1 É legítimo estabelecer uma divisão no transcurso da filosofia de Gilles Deleuze. Uma primeira filosofia se estenderia dos estudos monográficos até *Diferença e repetição*, publicado em 1968. *Lógica do sentido*, publicado um ano depois, e que pode ter sido escrito praticamente ao mesmo tempo de *Diferença e repetição*, poderia ser apresentado como o momento de transição, já anunciando outra experimentação estilística e outras alianças, sobretudo com os estoicos e com a literatura de Lewis Caroll e de incontáveis outros, explorando o problema da linguagem em geral e da linguagem esquizofrênica em particular. Logo em seguida, dá-se o encontro com Félix Guattari e então o início da última filosofia de Deleuze, que em grande parte é feita em parceria com ele, iniciando com *O anti-Édipo*, publicado em 1972. Aqui se lidará preponderantemente com parte significativa da primeira filosofia de Deleuze, dentro do recorte em que se espera poder mostrar a conexão entre as diferenças intensivas e a potência do pensamento. Vale frisar, sendo assim, que *Diferença e repetição* não implicava uma mudança de orientação na obra deleuziana, que passaria dos estudos monográficos para uma filosofia própria, mas a continuidade de uma busca por subverter a história da filosofia, ao produzir a partir dos filósofos abordados textos híbridos onde aquilo que fora dito pelos autores fosse tensionado pelos conceitos que Deleuze trazia consigo, mas que reinventava a cada vez, reimpulsionava a cada encontro. Assim, entende-se que, desde o início, se tratava de compor uma filosofia da diferença e que *Diferença e repetição* significa não uma ruptura, mas o acabamento dessa composição, um ponto de chegada, ainda

que provisório, onde se conectariam os mais diversos conceitos, inclusive os provenientes dos filósofos lidos por Deleuze, que os colocava a serviço de sua própria engrenagem filosófica.[1]

2 Nunca é demais dizer: Deleuze não foi um historiador da filosofia. Quando se estuda a primeira filosofia deleuziana, invariavelmente se põe a questão do papel das suas monografias na elaboração de sua filosofia própria. Alliez[2], Machado[3], Orlandi[4], Zourabichvili[5], para citar apenas poucos exemplos, discutem o assunto em seus escritos sobre Deleuze. A conclusão mais geral é sempre a mesma, ou seja, Deleuze não é um comentador, não assume para si o papel tradicional de historiador da filosofia tal como preconizavam, na França, entre outros, Goldschmidt e Guéroult. Esses historiadores da filosofia se preocupavam em "repor em movimento a estrutura da obra", buscando compreender um sistema filosófico "conforme a intenção de seu autor" e supondo um devir interior ao próprio arranjo metodológico engendrado pelo filósofo, em que cada tese produzida, abandonada ou ultrapassada obedeceria a um movimento de explicitação da verdade de seu discurso, que estaria não num tempo histórico, mas num tempo lógico, no qual também o intérprete deveria se colocar, aceitando ser dirigido pelo filósofo que estuda[6]. (Isso, claro, deve valer como propedêutica, mas não pode ser igualado

---

1. *Conversações*, p. 14 e ss. Deleuze se refere ao filosofar como "o mais severo exercício de despersonalização, quando [o filósofo] se abre às multiplicidades que o atravessam de ponta à ponta, às intensidades que o percorrem", que seria o contrário da despersonalização realizada pela história da filosofia quando ela se restringe à submissão, quando ela se impõe desde uma "função repressora": "Você não vai se atrever a falar em seu nome enquanto não tiver lido isto e aquilo, e aquilo sobre isto, e isto sobre aquilo".

2. Alliez, É. *Deleuze, filosofia virtual*, p. 11-15; 37-38.

3. Machado, R. *Deleuze e a filosofia*, p. 1-22; 225-226.

4. Orlandi, Linhas de ação da diferença. In: Alliez (org.), *Gilles Deleuze: uma vida filosófica*.

5. Zourabichvili, *Deleuze : une philosophie de l'événement*.

6. Goldschmidt, Tempo histórico e tempo lógico na interpretação dos sistemas filosóficos. *A religião de Platão*, p. 139-147. Ver, ainda: Guéroult, Avant-Propos. *Descartes selon l'ordre des raisons*.

à própria filosofia). Deleuze não se contenta em se colocar nesse tempo lógico, não se satisfaz em se deixar dirigir pelo filósofo na explicitação do movimento produtor de suas teses.

3   O que faz, então, não se dispondo a esse papel? Deleuze *faz* filosofia ao fazer história da filosofia. São duas coisas indissociáveis para ele. Muitas vezes, toma como ponto de partida conceitos provenientes de outros filósofos, mas que são realinhados em função de sua problemática filosófica, até o ponto de tornar indiscernível o que lhe pertence e o que pertence a outrem. O próprio Deleuze explicita sua proposta em diversas ocasiões. Numa delas, recusa todo método de interpretação ou comentário textual em favor de uma *prática extratextual*. Segundo esta, o texto filosófico deixaria de ter uma identidade a ser apreendida de acordo com a intenção de seu autor e segundo um instrumental metodológico que discrimina aquele que está apto a realizar tal tarefa. Antes, interessa a Deleuze colocar-se em contato com as intensidades que permeiam o texto. Este seria um jogo de forças que, ao entrar em contato com as forças exteriores que o mobilizam, cria novas intensidades, isto é, novas possibilidades de pensamento, para dar conta de problemas que já não são mais os mesmos que mobilizaram inicialmente o texto. Assim, a tarefa do historiador da filosofia seria a de fazer as intensidades, nascidas no contato com o texto, extrapolarem o texto, repercutindo em novos arranjos, em consonância com outros estados vividos, com outras práticas discursivas e de modo a dar conta dos novos problemas que se apresentam e que é preciso formular[7].

4   Os exemplos poderiam multiplicar-se indefinidamente. Wahl, Hume, Nietzsche, Crisipo, Espinosa, Leibniz, Kant, Bergson, entre muitos outros, em maior ou menor grau, se oferecem a Deleuze

---

7. Deleuze, Pensamento nômade. Tr. Milton Nascimento. In: Marton (org.), *Nietzsche hoje?* Colóquio de Cerisy.

como intercessores que carregam consigo conceitos e elementos de conceitos os quais ele recria e faz ressoar e funcionar no interior de sua concepção filosófica própria. Por isso, entende-se que se deve privilegiar, nos estudos deleuzianos, não a preocupação em tornar discernível o que pertence a ele e o que pertence a este ou aquele filósofo, mas, em contrapartida, a explicitação de quais são as fontes do seu pensamento e o modo como elas se conjugam numa nova filosofia. Pois, evidentemente, não são aleatórias as escolhas de Deleuze. Os temas e os conceitos que ele busca devem ser propícios, devem poder funcionar no plano de imanência da filosofia da diferença que ajudam a construir.

5   Em *O que é a filosofia?*, Deleuze e Guattari definem a filosofia como disciplina que consiste em criar conceitos, sendo que toda criação se faz sobre um plano que lhe dá uma existência autônoma. Apesar de datados e assinados, os conceitos ultrapassam essas ordenadas, podendo ser renovados, modificados, substituídos. Os conceitos podem cruzar outros planos que não aquele para o qual foram criados em função de problemas que procuravam solucionar; eles próprios podem ser compostos por componentes vindos de outros conceitos, que respondiam a outros problemas. Os conceitos não são criados do nada; eles remetem a outros conceitos ou componentes de conceitos que podem provir de outros planos, mas que se acomodam agora ao plano que está sendo traçado, superpondo-se, compondo seus problemas, mesmo se têm histórias diferentes. Se podemos ser nietzschianos, estoicos ou deleuzianos hoje é porque acreditamos que seus conceitos, ou alguns deles, podem ser reativados em problemas que necessariamente são outros, reposicionados. Esses conceitos, em seu devir, podem inspirar os conceitos que é necessário criar. Nesse sentido, Deleuze pode dizer que a história da filosofia se torna desinteressante se não se propuser a tomar um conceito adormecido e relançá-lo numa nova cena, ainda que ao preço de voltá-lo contra ele mesmo. Por isso, ele abandona a perspectiva

histórica do antes e depois na filosofia, remetendo a um tempo estratigráfico em que o antes e o depois indicam apenas uma ordem de superposições de camadas que comunicam seus movimentos, mudam suas orientações. A filosofia tem uma história que não é cronológica, já que os diversos planos coexistem em sua singularidade, compondo camadas, folhas que se comunicam por vezes por passagens muito estreitas, outras vezes se dobrando umas sobre as outras. É mais uma geologia do pensamento que uma história da filosofia[8].

6 Tudo isso se torna possível porque há em Deleuze uma busca por subverter a imagem do pensamento e instaurar uma filosofia da diferença. Não se trata para ele, como para a imagem dogmática do pensamento, de uma busca pelo verdadeiro, em que a verdade fosse concebida como um elemento do pensamento a que o pensador tivesse acesso a partir do exercício natural de sua faculdade de conhecimento e da constituição de um método capaz de conjurar o erro provocado em nós por forças exteriores ao pensamento, como o corpo, as paixões e os interesses sensíveis[9]. O pensamento é concebido como o produto de um encontro com forças exteriores, que necessitam ser interpretadas e avaliadas. Se os encontros que frequentamos em nossa vida são largamente fruto do acaso, então o pensamento é engendrado

---

8. *O que é a filosofia?*, especialmente a parte I. Bernardo dos Santos explora o "procedimento" deleuziano em relação à história da filosofia privilegiando as formulações de *O que é a filosofia?* a respeito da criação filosófica. Ele mostra de que modo o plano de imanência pré-conceitual, os intercessores e o próprio conceito, em sua determinação recíproca e simultânea, são já a expressão de um *gosto filosófico* que manifesta sua coerência interna inclusive falseando os intercessores, tanto os que são simpáticos quanto os que são antipáticos a esse gosto. Que esse gosto seja definido como intempestivo, voltado para a diferença, para a multiplicidade e para a imanência confirma que se trata para Deleuze de produzir uma composição de engrenagens para uma filosofia da diferença, sem que esse seja um fim determinado de antemão, mas sim um procedimento capaz de produzir incessantes conexões e efeitos maquínicos, o que corrobora a hipótese aqui desenvolvida. Santos, Do papel da história da filosofia no procedimento deleuziano. In: Fornazari (coord.), *Deleuze hoje*, p. 315-337.

9. O tema da imagem dogmática do pensamento se encontra em *Nietzsche et la philosophie*, p. 118-126 e *Diferença e repetição*, Capítulo 3 e será explorado ao longo deste livro.

17

na contingência. Pode-se recusar a contingência dos encontros que forçam a pensar e se refugiar numa ciência pura que busca a verdade que vale igualmente para todos os tempos e todos os lugares. Mas, a abertura para a contingência dos encontros deve levar o filósofo ou a filósofa a traçar um plano sobre o caos[10], povoando esse plano com conceitos que é preciso criar ou recriar de modo a formular os problemas que são dele/a.

7   As identidades, assim, se dissipam em função de novas possibilidades de pensar. Os encontros com outro pensamento interessam não enquanto identidade a ser apreendida, mas em sua dimensão impessoal, em sua singularidade, restituindo-lhes a novidade que então talvez não mais se pudesse ver, estabelecendo novos agenciamentos, respondendo às exigências de um devir de problemas que se produz no presente, sem contudo se esgotar nesse presente, mas visando um tempo por vir. Deleuze aproxima filósofos não por uma linha de filiação ou por seus respectivos planos se assemelharem, mas pela potência de sua recusa à transcendência e ao negativo, em suas inúmeras formas, encontrando em Hume, Bergson e Nietzsche um "empirismo superior", em Kant o fabuloso domínio do transcendental e em Espinosa o mais "puro" plano de imanência, para metamorfosear tudo isso no conceito de empirismo transcendental. É assim que a história da filosofia cede lugar a um devir-filosófico e que as fontes de que Deleuze lança mão, os conceitos que ele relança e dobra ou desdobra, conforme o caso, em seu próprio plano de imanência constituem uma *geologia* ou uma *geografia* do pensamento, a que podemos nomear como o devir-Deleuze. Nesse plano, coexistem esses conceitos e novos conceitos que coube a Deleuze criar, como empirismo transcendental, território, singularidades, devir-minoritário, etc. É um novo plano de imanência que se vai povoando, seja criando novos conceitos, seja relançando concei-

---

10. *O que é a filosofia?*, p. 59-61.

tos afins sobre o plano, não em função da representação de uma semelhança, mas forjando semelhanças, explorando a potência desse devir, quando os conceitos passam uns pelos outros.

Introdução
As diferenças intensivas e a potência do pensamento

Em tudo aquilo que existe, habita a diferença. Nas árvores do sertão, nos feixes de luz que iluminam estas palavras, no sangue que corria nas veias dos habitantes das Américas antes da chegada dos conquistadores europeus, nas chapas de aço dos aviões, na atmosfera cada vez mais inóspita que recobre o planeta Terra. Similarmente, quando se observa a imensa diversidade de seres, de objetos, de pessoas, de culturas, de línguas, somos igualmente levados a dizer que na natureza ou na cultura todas as coisas são diferentes, que não há duas árvores ou duas moscas absolutamente iguais, que todas as línguas têm suas particularidades e dentro dessas línguas, tantas outras variações regionais, etc. É fato, mas o conceito de diferença em Deleuze não diz respeito a essas diferenças empíricas, antes, ele se refere a algo que essa diversidade supõe, a algo que produz essa diversidade e que segue agindo nela. Assim, por mais que se possam agrupar os seres da natureza em espécies e gêneros, e ainda assim afirmar que duas árvores da mesma espécie podem ser semelhantes, mas nunca são iguais, ou que animais de um mesmo gênero, como os mamíferos, podem comportar as mais enormes diferenças, como as éguas, as fêmeas-morcego e as baleias, trata-se nesses casos de diferenças extrínsecas entre coisas que, de fato, são indiferentes umas às outras, cada uma em sua linha própria de desenvolvimento e somente são comparáveis por um exercício do raciocínio. A diferença, portanto, não é a mera diversidade empírica dos seres, mas aquilo que produz incessantemente essa diversidade.

Não se pode falar também de diferença quando se trata de um suposto fundo ou abismo da indeterminação, ao estilo do *ápeiron* de Anaximandro, a partir do qual as coisas nascessem e no qual tudo fosse novamente dissolvido, que fosse a origem e o fim de toda a diversidade. Segundo essa maneira de pensar, se nesse fundo houvesse determinações, ele não seria fundo, mas já o próprio devir. Se, por outro lado, ele fosse um fundo composto de fragmentos indiferenciados como um tipo de repositório do mundo, de cuja mistura se esperaria que formasse os seres e cuja separação os mergulharia novamente no ilimitado, ele seria e permaneceria sempre a plena indeterminação, isto é, a ausência de diferença, e não seria possível de fato formar ou constituir qualquer coisa. A diferença, portanto, é incompatível com a ausência total de determinações, que nada mais é que uma impossibilidade.

É preciso, portanto, pensar o fundo e a relação do fundo com a superfície de maneira completamente outra para se chegar a uma definição de diferença que não a remeta à indiferenciação do fundo e não a limite às diferenças meramente extrínsecas ou qualitativas da superfície do mundo.

A diferença propriamente dita, portanto, não diz respeito nem ao abismo indiferenciado nem aos corpos e aos objetos a que temos acesso através da experiência, seja quanto à sua forma ou à sua matéria, seja quanto à sua qualidade ou às suas partes orgânicas ou inorgânicas. Antes, afirmar que em tudo aquilo que há habita a diferença é dizer inicialmente que todas as coisas na natureza ou na cultura são *efeitos* da diferenciação das diferenças e na maneira como elas se relacionam entre si, incessantemente constituindo e desconstituindo conexões. Nesse sentido, Deleuze afirma que a diferença atua como um princípio transcendental, isto é, como uma potência imanente ao mundo das determinações empíricas.

No início do primeiro capítulo de *Diferença e repetição*, Deleuze apresenta uma definição da diferença que, sem talvez essas observações iniciais, pudesse soar um tanto enigmática. Ele afirma o seguinte: "imaginemos algo que se distingue – e, todavia, *aquilo de que* ele se distingue não se distingue dele". Segue-se o exemplo do relâmpago em relação ao céu negro. O relâmpago se distingue do céu negro, afirma-se na medida em que se diferencia dele;

no entanto, o relâmpago, acrescenta Deleuze, "deve arrastar o céu negro consigo, como se se distinguisse daquilo que não se distingue"[1]. Ou seja, o relâmpago se distingue do céu negro, mas o céu negro não se distingue do relâmpago. Assim, o relâmpago é ao mesmo tempo distinto e indistinguível do céu carregado que o engendra, um fundo que sobe à superfície, mas que não deixa de ser fundo e que, tão logo cumpre seu destino fulgurante, a ele novamente retorna.

Parece que podemos apreender a diferença nesse movimento em que o fundo sobe à superfície sem deixar de ser fundo (e por isso o fundo não é um mero repositório, um abismo de indiferenciação). A diferença se estabelece como distinção unilateral desse fundo, como se ela desenrolasse ou desdobrasse o fundo (que, no entanto, permanece agindo naquilo que se destaca dele). A diferença é, portanto, imanente a esse fundo. Assim, tanto o fundo, quanto a superfície são as duas faces de um mesmo processo de diferenciação. O fundo é diferença *im*plicada, a superfície é diferença *ex*plicada.

Essa distinção entre fundo e superfície, produzida pela diferença, mas ao mesmo tempo necessária para a própria definição da diferença, atravessa o livro todo e alcança toda a sua complexidade no último capítulo. Esse capítulo, intitulado "Síntese assimétrica do sensível", começa assim: "A diferença não é o diverso. O diverso é dado. Mas a diferença é aquilo pelo qual o dado é dado. É aquilo pelo qual o dado é dado como diverso."[2] Nós já o vimos: o mundo empírico das determinações é o dado extrinsecamente indiferente em sua diversidade. A diferença, por sua vez, é aquilo pelo qual esse mundo se constitui como diverso e como mutável. Em outras palavras, há sob a superfície um mundo subterrâneo onde existem apenas diferenças de diferenças, agindo umas sobre as outras. Dessa ação resulta uma disparidade ininterrupta, uma diferença de intensidade, que por sua vez agirá numa nova série, provocando outra disparidade e assim

---

1. *Diferença e repetição*, p. 55 [43]. As páginas citadas de *Diferença e repetição* se referem à segunda edição da tradução brasileira e, entre colchetes, à edição francesa.

2. *Diferença e repetição*, p. 313 [286].

até que a intensidade se desenvolva num extenso e se recubra de qualidades que são propriamente as características da superfície empírica do mundo. A intensidade, portanto, é a diferença quando implicada em si mesma; mas ela se explica, quer dizer, desenvolve-se numa extensão e, na medida em que é posta fora de si, no extenso e na qualidade que ela mesma cria, a diferença tende a anular-se, tende a conjurar a disparidade que a constitui.

Assim, o fundo é intensivo, constitui-se de quantidades intensivas com uma tendência a ressoar suas disparidades, a desenvolver suas potências para além de seus limites e, desse modo, anular-se na superfície extensiva que elas criam, fulgurando nas formas, nas matérias, nas qualidades que constituem essa superfície: um átomo de carbono, uma flor, uma cadeia de montanhas, um gesto de uma criança que afaga sua bola.

Mas se as coisas extensas e qualificadas se distinguem do fundo, esse fundo nelas insiste, num processo de desmantelamento das formas, de esquartejamento das qualidades, de reabsorção da matéria, de modo que mesmo as montanhas mais imponentes cederão um dia à força inesgotável dos ventos, à pressão da lava subterrânea, ao movimento das placas tectônicas. Desse modo, novas intensidades se repartirão no extenso, se recobrirão de qualidades, recriando incessantemente as formas e as matérias, os seres singulares e as espécies. O devir inesgotável da natureza testemunha a ação subterrânea das diferenças agindo umas sobre as outras e destacando o não igualável entre elas, um excedente, uma diferença intensiva. A superfície é regida pelas leis da natureza, de maneira que todo domínio empírico é um sistema extenso qualificado onde a diferença intensiva que o cria se anula; ao mesmo tempo, ela prossegue incansavelmente sua vida subterrânea e, com sua força irruptiva, impulsiona-se novamente à superfície.

Logo, esse mundo se diz enquanto o eterno retorno da diferença. Um mundo cujo fundo é agitado pelas disparidades de potência, pelas intensidades diferenciais que arrastam consigo em seu movimento incessante inclusive tudo aquilo que pertence apenas à superfície: a identidade, a semelhança e a igualdade que carecem de uma potência própria de metamorfose, já que nelas toda intensidade está anulada, rompendo assim com a subordinação da diferença ao primado filosófico da identidade (Capítulo 1).

* * *

Dito isso, destaca-se um trecho extraordinário de *Diferença e repetição* que, além de confirmar o que se acaba de mencionar, vem introduzir um elemento novo para a trama conceitual da filosofia da diferença, o qual se comentará em seguida.

> É preciso que as coisas sejam esquartejadas na diferença e tenham sua identidade dissolvida para que elas se tornem a presa do eterno retorno e da identidade no eterno retorno [...] O eterno retorno se elabora num fundo, num sem-fundo onde a Natureza original reside em seu caos [...]. E se o eterno retorno, mesmo à custa de nossa coerência e em proveito de uma coerência superior, reconduz as qualidades ao estado de puros signos e só retém dos extensos aquilo que se combina com a profundidade original, vão então aparecer qualidades mais belas, cores mais brilhantes, pedras mais preciosas, extensões mais vibrantes, pois, reduzidas às suas razões seminais, tendo rompido toda relação com o negativo, permanecerão para sempre agarradas ao espaço intensivo das diferenças positivas.[3]

O que seriam afinal essas qualidades mais belas, essas cores mais brilhantes, essas extensões mais vibrantes que resultam desse esquartejamento da superfície empírica, dessa implosão da identidade, da "nossa coerência" e da sua redução às suas "razões seminais", isto é, ao sem-fundo caótico onde há apenas a diferença agindo sobre a diferença numa disparidade intensiva criadora de mundos? E como isso seria acessível para nós, corpos que habitam a superfície empírica e cuja sensibilidade seria afeita unicamente para os objetos dotados da extensão e das qualidades ordinárias onde as intensidades se encontram neutralizadas?

O próprio Deleuze aponta a existência desse paradoxo: as diferenças intensivas são insensíveis para o exercício empírico da

---

3. *Diferença e repetição*, p. 340, 341 e 343 [311, 312 e 314].

sensibilidade, no entanto, ao mesmo tempo, elas são aquilo que só pode ser sentido, na medida em que são elas quem constituem as coisas sensíveis em sua diversidade e são elas as condições próprias para a gênese da sensibilidade. A intensidade não pode ser sentida por si mesma, "independentemente das qualidades que a recobrem e do extenso em que ela se reparte", mas, Deleuze acrescenta, "como seria ela outra coisa que não 'sentida', visto ela ser aquilo que faz sentir e que define o limite próprio da sensibilidade?"[4].

De que maneira então se pode sentir aquilo que não é sensível para o exercício empírico? Como se pode, diante do que se apresenta para a percepção ordinária, sentir o pulsar da diferença intensiva que age *sob* a superfície e *na* superfície, construindo mundos efêmeros que se erigem em torno da identidade e da semelhança, logo tragados pelo irrefreável ímpeto da atividade vulcânica das diferenças?

Ao longo deste livro, essas questões serão abordadas a partir de diversos agenciamentos conceituais produzidos por Deleuze. Esses agenciamentos implicam duras críticas ao modelo da recognição, que se define pelo exercício harmonioso das faculdades humanas, segundo o qual a sensibilidade, a imaginação, a memória e o entendimento colaborariam entre si para chegar ao conhecimento do objeto em sua identidade, implicando na unidade de todas as faculdades no sujeito racional (Capítulo III). Essas críticas derivam, como veremos, de uma recusa da concepção de sujeito constituído previamente ao contato com o mundo e cuja possibilidade de conhecimento seria condicionada pelo sujeito reflexivo. Daí a busca deleuziana por um aliado em David Hume, em cuja filosofia ele encontra um sujeito que se constitui na exterioridade, no contato com o dado da experiência sensível e das situações afetivas (Capítulo II).

Deleuze recusa esse modelo em que a sensibilidade apenas colabora junto com as demais faculdades para o reconhecimento da identidade do objeto. A partir disso, ele procura aprender a

---

4. *Diferença e repetição*, p. 325 [297].

sensibilidade em seu exercício transcendental. A sensibilidade transcendental se engendra a partir da violência de um encontro contingente que impossibilita que a sensibilidade empírica reconheça aquilo que tem diante de si e impede a colaboração com as outras faculdades; então, diante do silêncio da memória, da imaginação, do pensamento, ela se vê obrigada a apreender algo que lhe concerne exclusivamente. Com isso, a sensibilidade é colocada diante de seu limite e o enfrentamento de seu limite a constitui enquanto sensibilidade transcendental. No que diz respeito ao encontro sofrido, ele não se dá com um objeto que possua matéria, forma e qualidades empíricas. O que provoca a violência de um encontro são os estados livres e selvagens da diferença agindo sobre a diferença e que produzem intensidades sempre novas; o que se encontra e que produz em nós a sensibilidade transcendental é a diferença, e nós só podemos acessá-la na medida em que ela dá a sentir uma intensidade no mundo, que se insinua sob as formas, as matérias e as qualidades enquanto um devir que é necessariamente da ordem do arrebatador, do involuntário, do irreconhecível.

Ora, assim como o mundo se vê reduzido às suas "razões seminais", à atividade vulcânica de suas diferenças intensivas, a impossibilidade do reconhecimento também coloca em jogo tal unidade substancial do sujeito racional. Pois toda vez que nos deparamos com algo que escapa ao reconhecimento, que não podemos representar em sua integralidade de objeto idêntico a si mesmo desde a contribuição entre as faculdades, o sujeito reflexivo é destituído de sua proeminência e pode chegar inclusive a ver dissolvida a identidade que lhe garantia uma coerência ao lidar com as coisas do mundo (Capítulo IV).

Nessas situações, é a sensibilidade quem sofre inicialmente a ação dessa experiência; tomada por um arrebatamento, um desconforto, uma euforia, uma indignação ou outros estados afetivos, muitos deles inomináveis, ela é levada ao limite de sua potência e se depara com os estados livres da diferença que circulam nesse campo intensivo no qual ela está mergulhada. Torna-se então uma sensibilidade transcendental. Deleuze menciona que, a partir daí, pode haver uma cadeia de transmissão dessa intensidade vivida, um acordo divergente, em que a sensibilidade transcendental faz surgir na memória uma intensidade que lhe é própria, isto é, um passado como nunca foi vivido efetivamente, mas que só pode ser lembrado, uma lembrança que não é empírica, mas transcendental. No caso do pensamento, por fim, ele recebe da memória a intensidade produzida, que o força a pensar, saindo do estado de latência em que o pensar não passa de uma mera possibilidade. Desse modo, sempre que nos deparamos com essas experiências que não permitem a convergência das faculdades para o reconhecimento do que se passa, somos levados por esses *deslocamentos* em relação ao que somos para, talvez, chegarmos a pensar para além do que sabemos e a viver para além do que vivemos (Capítulos IV e V).

No entanto, que tipo de subjetividade seria essa, afeita a esses atravessamentos, a esses debordamentos das faculdades, a esses devires provocados pelo eterno retorno da diferença? Que pensamento é esse necessariamente nascido do contato com a diferença, que desarticula as faculdades e as lança nessa louca aventura de produção de mundos?

O eterno retorno implica uma dupla morte para o sujeito[5]: ele implica a anulação das intensidades que "de uma vez por todas" o constituíram na superfície e, ao mesmo tempo, implica a liberação das diferenças nele explicadas, que se põem "ainda outra vez" em contato com a profundidade. O sujeito pode afirmar sua identidade enquanto um "eu penso" quando a multiplicidade das potências intensivas que o constituem se encontra anulada na superfície; o "eu penso" pode não apenas acompanhar as suas representações, como coordenar as outras faculdades em vista do reconhecimento dos objetos do mundo. É assim que a identidade do Eu é o fundamento do acordo de todas as faculdades

---

5. *Diferença e repetição*, p. 362 [333]: "Toda morte é dupla, pela anulação da grande diferença que ela representa em extensão, pelo formigamento e pela liberação das pequenas diferenças que ela implica em intensidade."

na filosofia cartesiana, assim como na filosofia kantiana (Capítulo III). Mas esse sujeito não passa de um agregado superficial e efêmero, já que está incessantemente acossado pelas potências intensivas do sem-fundo, essas singularidades impessoais, esses devires pré-subjetivos que atravessam e desfazem toda identidade, destituindo o "eu penso" de sua centralidade.

Ao custo da coerência do sujeito e liberada de sua subordinação ao "eu penso", a sensibilidade mergulha nessa profundidade original para dela tentar extrair as qualidades mais belas, as cores mais brilhantes, as extensões mais vibrantes e retransmitir essas singularidades a um sujeito de outra ordem, em que o pensamento não é resultado de um exercício concordante, mas de um encadeamento divergente em que cada faculdade lida com a necessidade de ultrapassar os limites que lhes são próprios. Lembrar já não pode ser confundido com atualizar um testemunho, tampouco pensar pode ser confundido com o reconhecimento, pois tanto a memória como o pensamento são agora potências criadoras de mundos.

No mais, para além das faculdades mencionadas, cada intensidade vivida pode, por conta própria, produzir uma faculdade singular. Por exemplo, diante do inominável ou do indizível se pode chegar a produzir uma linguagem nova, como o fez Glauber Rocha que, levado pela impotência do povo diante da opressão, soube inventar outro cinema para dizer o indizível, para tornar audível e visível o sofrimento do povo e as seduções e delírios do poder[6]. Ou, ainda, um senso de justiça como faculdade, mas não um senso de justiça diante do injusto, o que não traria uma novidade, mas sim diante do conjunto de instituições feitas para tornar as injustiças incorrigíveis de modo que elas sirvam apenas para reforçar o poder dessas mesmas instituições.

Entende-se essa teoria diferencial da subjetividade como um dos grandes legados desse livro monumental que é *Diferença e*

---

6. Fornazari, Gilles Deleuze e o cinema de Glauber Rocha. In: Iskandar; Paiva (orgs.), *Filosofemas II*: arte, ciência, ética e existência, política, religião.

repetição e que o próprio Deleuze não cessará de explorar nos seus livros posteriores. Pois, mobilizados por sua leitura, deixa--se de valorizar a forma universal do sujeito reflexivo para acessar, na dissolução dessa forma e na desarticulação de suas faculdades, as intensidades pré-subjetivas que se expressam enquanto potência de criação e de ação no mundo, isto é, enquanto devires--minoritários (Capítulo v).

Para explicitar esse movimento, para produzir singularidades e devires no encontro com cada leitor ou leitora que porventura se apresente, este livro se fez.

* * *

Os capítulos foram produzidos numa sequência lógica, conforme as linhas acima permitem entrever. No entanto, cada capítulo pode também ser lido independentemente, na medida em que procura circunscrever uma discussão conceitual particular. Sinta-se, então, o leitor ou a leitora à vontade para subverter a ordem na leitura.

Capítulo 1

A crítica ao primado da identidade
e o conceito de diferença

Este livro se ordenará em torno de dois eixos: no primeiro se apresentará a crítica de Deleuze à imagem dogmática do pensamento e ao modelo da recognição, que implica na recusa em compreender o sujeito a partir da ideia de interioridade (daí a importância do estudo sobre Hume, em que Deleuze procura descrever o processo de constituição do sujeito a partir do dado da experiência) e também a recusa da subjetividade transcendental kantiana (será abordada a crítica de Deleuze à doutrina das faculdades em Kant); o segundo eixo discutirá a ideia deleuziana de uma nova imagem do pensamento, a partir da noção de empirismo transcendental e da teoria diferencial da subjetividade, segundo a qual o pensamento nasce do encontro com as forças que constituem os limites do próprio pensamento, como necessidade de ruptura desses limites, das formas e dos modelos erigidos a respeito do que significa pensar.

Isso só é possível a partir da definição conceitual da diferença, em torno da qual outra concepção de subjetividade se torna possível, liberada da identidade do sujeito reflexivo. Trata-se nesse sentido de insurgir-se contra a subordinação conceitual a que a diferença tem sido relegada pela identidade, posta como fundamento, ao longo da história da filosofia.

Abrindo o primeiro eixo, este capítulo discutirá dois momentos da crítica ao primado da identidade feita por Deleuze: a subsunção da diferença à identidade do conceito de ser, em Aristóteles, em que ela é pensada a partir da quádrupla raiz da identidade, da analogia, da oposição e da semelhança, e, na filosofia platônica, o modo como a diferença é repelida como falso pretendente diante da legítima pretensão da cópia em participar da Ideia como fundamento. Procura-se mostrar como o contraponto a essas filosofias e a recusa dos parâmetros da representação impulsionam o movimento criativo de definição do ser unívoco a partir do conceito empírico-transcendental da diferença.

A diferença indomável em Platão

> O inimigo freme, insinuando-se por toda parte no cosmo platônico, a diferença resiste a seu jugo, Heráclito e os sofistas fazem uma algazarra dos infernos.[1]

A dialética platônica procede diretamente sobre as coisas, sem a identidade de um conceito que sirva de mediação entre os termos que ela procura dividir, sem um meio-termo que determine as diferenças como contrários de um mesmo gênero. Isso ocorre, segundo Deleuze, não por uma insuficiência do método, como a crítica que lhe dirigia Aristóteles, que veremos a seguir, mas porque Platão não visa a determinar as espécies de um gênero comum, subsumindo as diferenças à identidade do conceito; antes, ele pretende que o método de divisão da dialética seja, de fato, um método de seleção. E o que se trataria de distinguir e de selecionar por tal método? A pretensão bem fundada das cópias em participarem da Ideia, eliminando os simulacros enquanto falsos pretendentes. Ao instituir um fundamento, a partir do qual julgar as pretensões dos rivais e estabelecer a diferença, esta será reportada ao Mesmo, cujo efeito seria o de fazer com que a semelhança exista naquilo que é fundado. Mais uma vez, ainda que de outro modo, a diferença aparece presa aos ditames da identidade, desta feita como Ideia. No platonismo, a diferença só pode ser pensada a partir da identidade originária e da cópia

1. *Diferença e repetição*, p. 185 [166].

mais ou menos semelhante que dela derivaria[2]. Daí a necessidade, na perspectiva de uma filosofia da diferença, de reverter o platonismo, no sentido de recusar o primado do original sobre a cópia e pensar a diferença em si mesma, sem a mediação de um modelo e sem subordiná-la ao Mesmo como fundamento. Para isso, os seres que se distinguem no sensível devem sofrer uma destruição radical de sua identidade para que se descortine o fundo como realidade imediata[3].

Desse modo, Deleuze reconhece, em Platão, a fundação do domínio da representação na filosofia, domínio preenchido pelas cópias-ícones numa relação intrínseca ao modelo. Fundar, neste caso, significa balizar, selecionar o que pertence a esse domínio e excluir dele o que pudesse baralhar seus limites; ou seja, busca-se fazer a distinção entre as cópias e os simulacros.

O modelo ou fundamento seria o que possui em primeiro lugar a qualidade do próprio fundamento: o Mesmo como aquilo que é idêntico a si: a Justiça é justa, a Virtude é virtuosa, a Coragem é corajosa, etc. A cópia seria o que participa do fundamento, o que significa que ela possui em segundo lugar a qualidade de justa, virtuosa, etc. Ela seria o Semelhante, cuja similitude exemplar e interna em relação ao modelo garantiria à cópia a justa pretensão em dele participar: os justos, os virtuosos, os corajosos, etc. Por outro lado, existiriam as falsas pretensões, os pretendentes inautênticos que seria preciso afastar porque não possuiriam semelhança em relação ao modelo, seriam antes desvios e perversões que é preciso recalcar: os simulacros. Se as cópias são imagens semelhantes à Ideia, os simulacros são imagens sem semelhança. Nesse sentido, Deleuze aponta o objetivo do platonismo como o de selecionar o devir em função de uma ordenação ao Mesmo, tornando-o semelhante, impondo-lhe limites e, no

---

2. *Diferença e repetição*, p. 184 [165-166].
3. *Diferença e repetição*, p. 106-107 [91-92].

mesmo movimento, recalcar o simulacro como aquilo que se esquiva à ordenação e ao limite, colocando em questão, com isso, as próprias noções de modelo e de cópia.

A divisão é o método usado por Platão, seja para estabelecer a seleção do verdadeiro pretendente, aquele que seria capaz de fazer com que a cópia se assemelhasse ao modelo, seja para tratar de encurralar e capturar o falso pretendente como criador de ilusões e ficções verbais que esconderiam, sob sua superfície, os simulacros. No *Sofista*, o método da divisão é usado para encurralar o sofista enquanto falso pretendente e portador dos simulacros:

> Eis, pois, o que ficou decidido: dividir sem demora a arte que produz imagens e, avançando nesse esconderijo, se, desde logo, nos aparecer o sofista, apanhá-lo conforme o edito do rei, entregando-o ao soberano, e declarando-lhe a nossa captura. E se, nas sucessivas partes da mimética, ele encontrar um covil onde se esconder, persegui-lo passo a passo, dividindo logo cada parte em que se resguarde, até que ele seja apanhado. Nem ele, nem espécie alguma, poderá jamais se vangloriar de se haver esquivado a uma perseguição levada a efeito tão metodicamente, em seu todo e em seus pormenores.[4]

Segundo Deleuze, Aristóteles via nessa dialética da divisão um mau silogismo porque a ela faltava a identidade de um conceito capaz de servir de mediação para a determinação das espécies: a qual das espécies opostas em que se dividiu um gênero pertence a coisa buscada?[5]. Contra o Filósofo, porém, Deleuze argumenta que o objetivo da divisão platônica não é, a não ser ironicamente, a determinação de espécies a partir de um gênero. O objetivo da divisão não é a especificação, mas a seleção entre os rivais ou pretendentes em que se busca autenticar a linhagem pura, distinguir o bom pretendente dos maus, separar as cópias dos simulacros.

O mito seria um elemento integrante do método na medida em que é a narrativa de uma fundação, erigindo um modelo a partir do qual os diferentes pretendentes poderão ser julgados de acordo com sua participação no modelo mítico. Deleuze exemplifica sua

4. Platão, *Sofista*, 235c-d.
5. *Diferença e repetição*, p. 98 [83-84].

análise com o *Político* e o *Fedro*, diálogos nos quais a divisão é interrompida, antes que a seleção seja realizada, para dar lugar, respectivamente, ao mito dos tempos arcaicos e ao mito da circulação das almas. Neste último, as almas, que puderam ver muito das Ideias antes de encarnar, têm muitas lembranças adormecidas que podem ser despertadas e a elas pertence o amor verdadeiro, enquanto os falsos pretendentes são as almas sensuais, que pouco viram e que pouco têm para rememorar. Em ambos, os pretendentes serão escolhidos a partir de sua participação desigual no modelo mítico. O método seletivo é resolvido por uma *participação eletiva* segundo graus hierárquicos de participação. O fundamento ou a Ideia é o que tem a posse primeira de sua própria qualidade e que dá a participar ao pretendente, que tem a sua posse segunda, porque soube passar pela prova do fundamento e assim por diante, até aquele que não possui mais que um simulacro, uma imagem sem semelhança ou uma degradação da Ideia, e ele próprio não é mais que um simulacro, tal como o sofista e seus ensinamentos.

Para Deleuze, por conseguinte, o método da divisão define a motivação platônica, qual seja, selecionar, no domínio das imagens, as cópias enquanto pretendentes bem fundadas porque dotadas de semelhança, enquanto possuidoras em segundo lugar da qualidade que a Ideia dá a participar. "É a identidade superior da Ideia que funda a boa pretensão das cópias e funda-a sobre uma semelhança interna ou derivada"[6]. Ao mesmo tempo, a divisão recalca os simulacros como falsos pretendentes, sem participar do fundamento porque estão submersos na dessemelhança.

Mas o que seriam, afinal, os simulacros, se eles não participariam do ser nem em seu grau mais baixo, se não receberiam dele uma semelhança, se nem ao menos passariam pela Ideia?

Deleuze afirma que há uma diferença de natureza entre a cópia e o simulacro, ou seja, este não pode ser uma cópia infinitamente

---

6. *Logique du sens*, p. 296. Todas as traduções de textos citados em língua estrangeira são minhas.

degrada, uma semelhança afrouxada no mais alto grau. O que o simulacro faria é produzir um "efeito de semelhança" e, ao contrário das cópias, não seria definido em relação à identidade do Mesmo. A imitação da cópia seria noética, regulada em função da verdade da essência que ela reproduz. A imitação do simulacro seria exterior à essência, designando um efeito de semelhança obtido ardilosamente, fazendo o dessemelhante passar pelo semelhante, o outro pelo mesmo, o grande pelo pequeno, o amor sensual pelo amor verdadeiro, o não-ser pelo ser, desfavorecendo o olhar dos espectadores ao confundi-los e sendo incapaz de chegar ao saber e à opinião correta.

> O simulacro é construído sobre uma disparidade, sobre uma diferença, ele interioriza uma dissimilitude. Eis por que nós nem mais podemos defini-lo em relação ao modelo que se impõe às cópias. Modelo do Mesmo do qual deriva a semelhança das cópias. Se o simulacro tem ainda um modelo, é um outro modelo, um modelo do Outro do qual decorre uma dessemelhança interiorizada.[7]

No *Sofista*, obra de velhice de Platão, a tentativa de definir o sofista como embusteiro, porque possuidor da arte do simulacro, obriga Platão a definir antes o que seja o próprio simulacro. Ora, se este é constituído exteriormente à essência e não participa dela em nenhum grau, é preciso admitir que o simulacro é outra coisa que aquilo que é, ou seja, é outro em relação às Ideias. O Outro tem uma essência própria que não somente é, como também se divide entre todos os seres desde que estejam em relações mútuas:

> Há uma associação mútua dos seres. O ser e o outro penetram através de todos e se penetram mutuamente. Assim, o outro, participando do ser, é, pelo fato dessa participação, sem entretanto ser aquilo de que participa, mas o outro, e por ser outro que não o ser, é, por manifesta necessidade, não-ser.[8]

Pois tudo que é o mesmo em relação a si é outro em relação a todas as coisas que não ele; e tudo o que é outro em relação

---

7. *Logique du sens*, p. 297.
8. Platão, *Sofista*, 259a-b.

a algo que é é. Tome-se o movimento ou o devir, ele (a) é na medida em que participa do Ser; (b) é o mesmo já que participa do Mesmo, sendo inclusive outro que não o ser; e (c) é outro que não o mesmo, pois participa do Outro. Portanto, há um ser do não-ser e isso vale não apenas para o devir, mas para todo e qualquer gênero que se considere. Nas palavras de Platão: "pois a natureza do outro faz cada um dos gêneros outro que não o ser e, por isso mesmo, não-ser"[9]. Por exemplo, o belo possui o não-belo não como contrariedade, mas como alteridade, ou seja, o não-belo não é tão-somente o feio, mas também o comum, o repugnante, o disforme, etc.

Em suma, a negação não é contrariedade, mas alteridade, o que significa que essa negação indica "alguma coisa de diferente"[10] em relação ao gênero que se nega em virtude do modelo do Outro. O próprio não-ser não significa algo contrário ao ser, mas outra coisa que não o ser e, por participar do ser, é preciso reconhecer que o não-ser é ser. "Assim, cada forma encerra uma multiplicidade de ser e uma quantidade infinita de não-ser"[11]. O não-ser não é o contrário do ser e, por isso, não é menos ser que o próprio ser, o não-ser é o que difere do ser entendido como fundamento. E, ainda mais, o não-ser tem uma natureza própria, o que significa que existe, também, enquanto modelo ou fundamento.

Ao comentar essa noção da alteridade como aquilo que difere do ser, Gérard Lebrun considera que, nos marcos da metafísica clássica, a negação só pode ser tomada como uma "abertura de um campo indeterminado"[12]. Pois, ao afirmar que algo difere de tudo aquilo que ele não é, essa negação designa a soma indeterminada de todas as outras coisas. Com isso, o negativo parece ter como função pôr em relevo o conteúdo positivo que o pensamento procura apreender, separando-o de todos os outros como de seu limite. Assim, estaria assegurada a indestrutibilidade in-

9. Platão, *Sofista*, 256d.
10. Platão, *Sofista*, 257b-258b.
11. Platão, *Sofista*, 256e.
12. Lebrun, *La patience du concept*. Essai sur le Discours hégélien, p. 178-180.

trínseca de cada determinação. Contra essa doutrina clássica da negação como alteridade, Lebrun defende a tarefa da filosofia hegeliana de pensar a relação entre uma coisa e seu outro como uma relação determinante, ou seja, que reenvia a uma negação que não é indiferente àquilo que nega, mas que o menciona necessariamente. Desse modo, os dois estão numa relação essencial, isto é, um existe na medida em que exclui o outro de si, tal como o inorgânico não é simplesmente alguma coisa de outro em relação ao orgânico, mas sim o seu outro necessário: o inorgânico não é sem o orgânico e vice-versa.

Ora , Deleuze se afasta de ambas soluções quando afirma que há o não-ser, mas que o negativo é ilusório, porque o "não" de "não-ser" exprime algo distinto de uma negação, seja por limitação, seja por oposição:

> O erro das teorias tradicionais é impor-nos uma alternativa duvidosa: [...] ou bem não há o não-ser, e a negação é ilusória e não fundada; ou bem há o não-ser, que põe o negativo no ser e funda a negação. Todavia, talvez tenhamos razões para dizer *ao mesmo tempo* que há o não-ser e que o negativo é ilusório.[13]

Porque o "não" de "não-ser" exprime o devir louco que se insinua por toda parte e em profundidade, o não-ser é a diferença. Sobre ela se constitui o simulacro, que não se subsume à identidade do modelo. Mais que isso, as próprias noções de modelo e de cópia são contestadas e reenviam ao próprio funcionamento do simulacro e ao jogo mais profundo das diferenças que produz todo um sistema de semelhanças e identidades, elas mesmas não passando de simulacros[14]. E por mais que Platão saia no encalço da diferença e no encalço do sofista como um tipo de porta-voz da diferença ou produtor de simulacros, *ela insiste* – e se apresenta com força e decisão a partir das zonas não iluminadas pelas Ideias, na obscuridade do não-ser, indomada.

---

13. *Diferença e repetição*, p. 103 [88]
14. *Diferença e repetição*, p. 183-187 [164-168].

Por conseguinte, uma das grandes contribuições desse diálogo deleuziano com Platão é mostrar que somente é possível pensar a diferença em si mesma com a condição da destruição radical da identidade dos seres sensíveis, que se distinguem no diferente, e de sua pretensão em possuir uma semelhança em relação a um fundamento. Sem isso, a diferença permaneceria aprisionada sob essa falsa pretensão do simulacro e subordinada à primazia do modelo e da cópia.

> Todo o platonismo está construído sobre esta vontade de expulsar os fantasmas ou simulacros, identificados ao próprio sofista, esse diabo, esse insinuador ou simulador, esse falso pretendente sempre disfarçado e deslocado. [...] Com Platão, uma decisão filosófica da maior importância estava tomada: a de subordinar a diferença às potências do Mesmo e do Semelhante, supostamente iniciais, a de declarar a diferença impensável em si mesma e de remetê-la, juntamente com os simulacros, ao oceano sem fundo.[15]

Eis o verdadeiro sentido da reversão do platonismo: a glorificação do reino dos simulacros, subvertendo a distinção modelo-cópia, essência-aparência, descerrando a potência positiva da diferença. No platonismo revertido, a semelhança e o mesmo não são mais que efeitos exteriores do simulacro. Ao dissolver-se a identidade e a semelhança das coisas, o Ser deixa de fazer sentido enquanto fundamento, desaparece enquanto fundamento e, então, "atinge a univocidade e se põe a girar em torno do diferente"[16].

Os limites à diferença em Aristóteles

Para Deleuze, Aristóteles representa o feliz momento grego em que a diferença seria reconciliada com as exigências da representação, determinando-se quais diferenças podem ser inscritas no conceito. Isso, no entanto, teria afastado a filosofia aristotélica de ser capaz de estabelecer um conceito singular da diferença[17].

15. *Diferença e repetição*, p. 185 [166].
16. *Diferença e repetição*, p. 106 [92].
17. *Diferença e repetição*, p. 57 e ss. [44 e ss.].

Nesse feliz momento, primeiramente, a diferença deve passar por uma prova seletiva para determinar qual grandeza ou pequenez deve ter a diferença para entrar nos limites do conceito. O Filósofo outorga à diferença uma natureza predicativa em relação à identidade de um conceito indeterminado (o gênero), isto é, a diferença específica é inscrita no gênero, dividindo-o em espécies que apresentam entre si uma contrariedade. Nesse sentido, como ele afirma nos *Tópicos*, um gênero sem diferença é impossível porque é a diferença que, ao acrescentar-se ao gênero, forma sempre uma espécie[18]. Por exemplo, o gênero animal se divide em "dotado de pés" e "dotado de asas". A contrariedade entre as espécies não deriva das diferenças entre os seres concretos ou a matéria; por exemplo, não há diferença em espécie entre um círculo de bronze e um círculo de madeira. Contudo, um triângulo de bronze difere em espécie de um círculo de madeira, não por causa de sua matéria, mas sim por haver contrariedade nas definições de triângulo e de círculo[19]. A diferença específica, desse modo, é aquela que cria uma contrariedade na definição das espécies pertencentes a um gênero que permanece o mesmo para ambas; ela responde, além disso, ao critério da seleção para a diferença ser inscrita no conceito em geral. Para que a diferença entre dois termos seja essencial, é preciso que eles cumpram o duplo critério: a) que convenham também numa outra coisa que permaneça a mesma e b) que possuam uma contrariedade. Na matéria, a diferença entre indivíduos perde-se aquém do conceito porque suas diferenças empíricas são sempre acidentais e extrínsecas (o bronze e a madeira, por exemplo), não havendo contrariedade entre elas. No gênero, por sua vez, a diferença escapa além do conceito geral na medida em que também os gêneros não entram em relação de contrariedade.

O gênero é esse algo idêntico, essa natureza comum que há entre duas coisas como, por exemplo, entre dois animais. O cavalo

18. Aristóteles, *Tópicos*, vi, 6.
19. Aristóteles, *Metafísica*, x, 9.

e o homem são ambos de uma natureza comum, mas entre eles há uma diferença específica, quer dizer, a própria animalidade é diferente para cada um: a natureza equina e a natureza humana. Portanto, toda diferença de espécie é uma diferença entre duas coisas contrárias no interior de uma terceira, que é a mesma para ambas e constitui o seu gênero. Os contrários que diferem em espécie estão na mesma linha de predicação e diferem entre si no mais alto grau, caracterizando a completude ou a perfeição da diferença.

gênero (identidade do conceito)

diferença { espécie "a" espécie "b" (contrária a "a")

Deleuze vê nessa operação de Aristóteles, que inscreve a diferença no conceito indeterminado de gênero, a "confusão fundamental" da qual se deriva a subordinação da diferença à oposição, à analogia, à semelhança e à identidade. Porém, vê também a introdução de uma "rachadura" no pensamento que não cessará de crescer numa atmosfera não aristotélica. Vejamos em que consistem essa confusão e essa abertura em que Aristóteles teria envolvido a diferença.

A diferença específica ou a contrariedade entre espécies é a maior das diferenças, a diferença perfeita. No entanto, como vimos, ela só existe enquanto referida e sob a condição da identidade do conceito de gênero. Inversamente, entre as coisas que diferem em gênero há uma distância tão grande que não é possível sequer compará-las[20]. Ao contrário das espécies em relação ao gênero, e este é o segundo passo dado por Aristóteles ao lidar com a diferença, os gêneros, enquanto considerados como os últimos conceitos determináveis (as categorias), não estão submetidos à condição de ter um conceito idêntico que os subsume, isto é, uma natureza comum, tal como o *um* ou o *ser*, que fosse compartilhada por dois gêneros distintos. Os gêneros são as maneiras distintas de dizer o ser (equivocidade do ser), mas de nenhuma maneira

20. Aristóteles, *Metafísica*, x, 4.

se relacionam com ele como as espécies o fazem em relação a um gênero único. Enquanto as espécies são unívocas em relação ao gênero, este é equívoco em relação ao ser.

A razão para isso é que nem o ser nem o um podem ser gêneros. Assim Aristóteles argumenta:

> Mas não é possível que o um e tampouco o ser seja um gênero único das coisas; pois necessariamente existem as diferenças em cada gênero, e cada uma dessas diferenças não só *é* como também é uma; mas o gênero considerado à parte de suas espécies (assim como a espécie considerada à parte do gênero) não pode ser predicado de suas diferenças peculiares; logo, se o um ou o ser é um gênero, nenhuma diferença possuirá "ser" ou será uma.[21]

Ao referir-se a essa passagem da *Metafísica*, Deleuze aponta que o motivo pelo qual, em Aristóteles, o ser não é um gênero é porque as diferenças *são* (e poderia acrescentar: cada uma delas é *uma*). Ora, na medida em que tudo é ser, não é possível negar existência às diferenças específicas e, assim, se o ser fosse um gênero, ele seria atribuído às diferenças, o que é impossível. Por que é impossível? Porque se fosse possível ao gênero predicar as diferenças, então, por exemplo, o gênero animal seria dito da espécie humana e também da diferença que constitui a espécie humana enquanto racional e as demais espécies como não racionais. E dessa possibilidade seguiriam duas consequências: primeiro, se "animal" tivesse de predicar-se de suas diferenças, sendo as diferenças predicados de suas espécies, então "animal" se predicaria das espécies, uma vez em relação ao gênero e uma através da diferença, em cada linha de predicação; e, em segundo lugar, de cada uma das diferenças, constituir-se-ia uma espécie além daquelas que ela já constitui, no caso, a espécie da diferença racional[22].

---

21. Aristóteles, *Metafísica*, III, 3, 998b 20-30.
22. Aristóteles, *Tópicos*, VI, 6. Ver análise de Pierre Aubenque, *Le problème de l'être chez Aristote*, p. 229-233.

gênero animal

diferença racional { espécie humana espécies não humanas

Mas se assim fosse, isto é, se o gênero pudesse ser predicado da diferença, a diferença não seria o princípio de especificação. Se a racionalidade fosse animal, por que definir o homem como animal racional, se a própria racionalidade já implicaria a animalidade? Como distinguir o homem da própria racionalidade e como definir o homem em sua espécie como o único animal racional, se toda racionalidade é animal?

Desse modo, se o gênero pudesse ser atribuído às diferenças específicas, se a diferença fosse uma espécie do gênero, ela não seria capaz de atuar como princípio de especificação. Nesse sentido, é preciso que a diferença seja em si mesma e não um produto da divisão do gênero. E que ela *constitua* uma espécie em contrariedade com outra. Exatamente por isso, não pode ser uma espécie; se o fosse, confundir-se-ia com a espécie que diferencia. Portanto, a diferença é necessariamente estranha ao gênero.

Logo, se o ser fosse um gênero, comportaria diferenças que constituiriam as espécies e, na medida em que essas diferenças são seres, o ser como gênero seria predicado de suas diferenças, o que é impossível, porque as diferenças são necessariamente estranhas ao gênero, sem as quais não seriam capazes de constituir as espécies.

Vale frisar que quando se diz que a diferença é em si mesma não se deve entender com isso que a diferença tenha uma extensão própria, pois a diferença, em Aristóteles, somente tem sentido em relação ao gênero que ela vem especificar; por exemplo, a diferença que constitui as espécies racional e irracional faz sentido apenas em referência ao gênero animal, não existindo fora desse domínio[23].

---

23. Aubenque argumenta, em acréscimo, que a diferença não pode ser exercida senão em referência a um domínio determinado; no caso do ser, em que o domínio é infinito, a diferença não pode se efetivar por carecer de um "ponto de apoio". Também nesse sentido prova-se que, porque não pode comportar diferenças, o ser não é um gênero (Aubenque, *Le problème de l'être chez Aristote*, p. 231).

De acordo com Deleuze, portanto, existem na filosofia de Aristóteles duas definições distintas, mas complementares, de diferença, que assinalam seus limites, conforme nos referimos às espécies ou aos gêneros últimos ou categorias:

1. Diferenças específicas: a diferença entre as espécies inscreve a diferença na identidade do conceito indeterminado de gênero, ou seja, duas espécies diferem entre si sob algum aspecto, permanecendo, entre elas, algo de idêntico como predicado de ambas, que nada mais é que o gênero do qual ambas as coisas se especificaram. Com isso, os contrários são idênticos em gênero, mas são outros em espécie[24]. *Não há, aqui, propriamente, o estabelecimento de um conceito da diferença, mas sim a inscrição da diferença enquanto predicado na identidade de um conceito.* A diferença, embora seja o princípio da especificação do gênero, não tem mais que um papel mediador e conciliador entre o mais universal, o gênero, e o mais singular, o indivisível, nos níveis sucessivos de divisão da espécie. O que Deleuze reprova em Aristóteles é ele não ter apresentado "um conceito universal para todas as singularidades e viragens da diferença"[25], subordinando, assim, a diferença à identidade.

2. Diferenças genéricas: subsiste, na diferença categorial, um conceito idêntico, embora de modo especial, qual seja, o conceito de ser enquanto distributivo e hierárquico. Distributivo porque o conceito de ser não tem conteúdo em si, mas sim um conteúdo proporcionado às categorias das quais é predicado e que são formalmente diferentes entre si; a relação das categorias com o ser é *interior* a cada uma, ou seja, é por sua natureza própria que cada categoria tem unidade e ser. Assim, existe uma equivocidade do ser em relação às categorias, ou seja, o ser se diz em vários sentidos a

---

24. Aristóteles, *Metafísica*, x, 3.
25. *Diferença e repetição*, p. 60 [48].

partir das diferentes categorias. Contudo, cada sentido do ser é sempre relativo a um princípio único: a *ousía* (substância) e, por isso, o conceito de ser é hierárquico. Não se trata, portanto, de uma relação entre um gênero e espécies unívocas, porque o conceito de ser tem um sentido hierarquicamente primeiro (ele é princípio e fundamento) e um sentido comum apenas distributivo, como podemos conferir numa das célebres passagens da *Metafísica*:

> [...] são vários os sentidos em que dizemos que uma coisa "é", mas todos eles se referem a um só ponto de partida: algumas coisas "são" pelo fato de ser substâncias, outras por ser modificações da substância, outras por representar um trânsito para ela, a destruição, a privação ou uma qualidade dela, ou pelo fato de a produzir ou gerar, ou por ser termos relativos à substância, ou negações de um desses termos ou da própria substância. [...] [A substância é] o que é primário, do qual dependem as outras coisas e do qual recebem sua denominação.[26]

A diferença é, por conseguinte, mediação entre as duas faces do conceito de ser, isto é, ela "passa no ser entre a substância, como sentido primeiro, e as outras categorias que lhe são referidas como acidentes" e que se dizem em função do ser[27].

Não sendo um gênero para as categorias e possuindo um conceito distributivo e hierárquico, o ser equívoco é, na verdade, uma analogia do juízo. O juízo seria "a instância capaz de proporcionar o conceito aos termos ou aos sujeitos dos quais é ele afirmado"[28]. Isto porque uma das faculdades do juízo é o senso comum, através do qual ele partilha o conceito, assegurando a distribuição; a outra faculdade é o bom senso, ou sentido primeiro, a partir do qual o juízo mede os sujeitos, assegurando a hierarquização. O juízo é tomado como modelo para as duas formas em que o ser se relaciona com as categorias: distributivamente e como

---

26. Aristóteles, *Metafísica*, IV, 2, 1003b 5-20.
27. *Logique du sens*, p. 16.
28. *Diferença e repetição*, p. 63 [50].

precedência hierárquica. Nesse sentido, a analogia do juízo na representação é o que permite afirmar, a partir da equivocidade do ser, a quase-identidade do conceito nas categorias.

> Eis por que não podemos esperar que a diferença genérica ou categorial, não mais que a diferença específica, nos propicie um conceito próprio da diferença. Enquanto a diferença específica se contenta em inscrever a diferença na identidade do conceito indeterminado em geral, a diferença genérica (distributiva e hierárquica) se contenta, por sua vez, em inscrever a diferença na quase-identidade dos conceitos determináveis mais gerais, isto é, na própria analogia do juízo. Toda a filosofia aristotélica da diferença está contida nesta dupla inscrição complementar, fundada sobre um mesmo postulado, traçando os limites arbitrários do feliz momento.[29]

Portanto, Deleuze mostra que a diferença, em Aristóteles, aparece, num caso como no outro, como um conceito reflexivo: através da diferença, pode-se passar, numa percepção direta, das espécies semelhantes à identidade de um gênero que as subsume, além de compreender os gêneros idênticos superiores, as categorias, como os vários sentidos em que o ser se diz. Mas, como vimos, é o fato de que as diferenças específicas sejam que impossibilita que as diferenças entre as categorias se relacionem com o ser como se ele fosse um gênero comum e, assim, "a univocidade das espécies num gênero comum remete à equivocidade do ser nos gêneros diversos: uma reflete a outra"[30]. Logo, pode-se dizer que cada categoria, por sua própria natureza, tem unidade e ser, isso se deve a uma analogia operada pelo juízo na representação, que compreende o ser como distributivo e hierarquicamente anterior (fundamento). Portanto, como conceito reflexivo, a diferença se encontra plenamente submetida às exigências da representação, definida nesse caso como representação orgânica. A representação orgânica fixa os limites para a diferença a partir das formas concretas ou das determinações das espécies e dos gêneros, submetidas às exigências do conceito em geral. Com isso, pode-se censurar Aristóteles, ao fixar os limites para a inscrição da diferença na identidade do

---

29. *Diferença e repetição*, p. 63-64 [50-51].
30. *Diferença e repetição*, p. 64 [51].

conceito, por ter perdido o sentido comum do ser, que só se distribui nas categorias para dar a cada uma sua parte, assim como por não dar conta da singularidade, na medida em que para ele o indivíduo singular só possui diferenças em geral, isto é, que compartilha com os demais indivíduos da mesma espécie[31].

Tal operação de concordância da diferença com todas as exigências da representação depende do juízo reflexivo, que mediatiza a diferença ao subordiná-la à identidade do conceito de gênero e ao garantir essa subordinação no conceito quase-idêntico ou análogo de categoria, na oposição lógica das determinações específicas e na semelhança dos conteúdos materiais.

Com isso, temos em Aristóteles a realização do feliz momento em que a diferença está quase totalmente domada ao submeter-se à quádrupla raiz da identidade (do conceito indeterminado de gênero), da analogia (do juízo na relação entre conceitos determináveis ou categorias), da oposição (dos predicados na relação das determinações específicas) e da semelhança (da percepção no objeto material ou indivíduo constituído na experiência)[32].

O nomadismo e a anarquia da diferença

Sendo a diferença o que inicialmente difere de si mesmo, o movimento em que um fundo sobe à superfície sem deixar de ser fundo, o ser unívoco, o principal corolário da diferença, é justamente esse fundo de que se destacam todas as diferenças sem que deixem de reportar-se ao único sentido em que esse ser se diz: "o Ser se diz num único sentido de tudo aquilo de que ele se diz, mas aquilo de que ele se diz difere: ele se diz da própria

---

31. *Diferença e repetição*, p. 415-416 [386-387].
32. Quase domada porque, segundo Deleuze, a diferença ainda reencontra um conceito fora da representação quando ela designa "catástrofes", ou seja, rupturas de continuidade na série de semelhanças, falhas intransponíveis entre estruturas análogas, dando "testemunho de um fundo rebelde irredutível que continua agindo sob o equilíbrio aparente da representação orgânica" (*Diferença e repetição*, p. 65 [52]). Infelizmente, Deleuze é apenas alusivo em relação a esse fundo rebelde na filosofia de Aristóteles, em que a diferença designa descontinuidades e quebras em relação à quádrupla raiz.

diferença."[33] Mais que afirmar que o ser se diz num único sentido, a univocidade significa que o ser se diz num único sentido de todas as suas diferenças. Seguindo o modelo da proposição, o ser é o designado comum que permanece o mesmo em relação aos designantes, porém o sentido dos modos individuantes ou dos designantes numericamente distintos é *ontologicamente o mesmo*, não obstante podermos conceber sentidos *formal ou qualitativamente distintos* para esses modos. Às diferenças individuantes nos modos corresponde a unidade do sentido do ser, como o branco que permanece essencialmente branco apesar das diversas intensidades de branco às quais ele pode reportar-se, ou como os próprios graus da luz branca constituem por refração cada cor em sua singularidade. A própria multiplicidade das diferenças é o designado comum para a univocidade. Assim, dizer que há uma só voz do Ser, "uma só voz faz o clamor do ser"[34], não permite negligenciar que ele se diz de todos os seus modos, de todas as suas variações ou, numa só palavra, da própria diferença. O ser unívoco se diz imediatamente da diferença e, nesse sentido, o ser é diferença e cada uma das coisas que constituem o universo, nós incluídos, são maneiras diversas de dizer o ser.

Por isso, Deleuze pode contrapor-se criticamente à ontologia aristotélica, já que teria fracassado em sua tentativa de chegar a uma definição da diferença, na medida em que a manteve submissa, enquanto diferença genérica e específica, às exigências da representação.

Em primeiro lugar, porque no ser unívoco há uma "hierarquia" e uma distribuição das diferenças totalmente inconciliável com aquela que é pressuposta pelo ser equívoco em sua relação analógica com as categorias em Aristóteles. Vimos que, de acordo com o Filósofo, há uma repartição do ser enquanto distribuído, implicando a fixidez e a proporcionalidade do que se distribui em "propriedades" limitadas na representação. Deleuze, ao contrário, reclama uma distribuição nomádica, em que o que se distribui

---

33. *Diferença e repetição*, p. 67 [53].
34. *Diferença e repetição*, p. 65 [52].

o faz num espaço aberto, sem propriedade, sem limites precisos, quando não, ilimitado, disposto aqui e ali, cobrindo o maior espaço possível. Não se trata de partilhar um território, como o ser se partilha segundo as exigências da representação, mas de partilhar-se nele, de modo que as coisas se desdobram no extenso do ser unívoco, "na univocidade da simples-presença, [...] como saltar por cima das barreiras ou das cercas, embaralhando as propriedades"[35]. Quanto à hierarquia, ela se dissolve na medida em que, em vez de medir os seres segundo seus limites e a partir de sua proximidade ou distanciamento em relação a um princípio ou fundamento, se consideram as coisas do ponto de vista da potência, não em termos de graus absolutos de potência, mas em termos da capacidade de um ser ir ao extremo daquilo que pode, ultrapassar seu limite próprio, realizar seu "salto". O limite agora é entendido não como limitação, mas como um ponto a partir do qual o ser se desenvolve. Como esse limite é relativo ao grau de potência próprio a cada ser, segue-se que ele é a mesma medida para todas as coisas, no sentido de que é o máximo próprio para cada ser. Assim, todas as coisas participam igualmente do ser, que está presente em todas elas imediatamente, sem mediação. Não há, portanto, uma hierarquia entre os seres, mas uma anarquia que permite a cada um desenvolver até o fim a sua potência. Nenhuma coisa, grande ou pequena, participa mais ou menos do ser, nenhuma o recebe por analogia, o menor torna-se igual contanto que não esteja separado daquilo que pode. A univocidade significa a igualdade do ser, que é, ao mesmo tempo, na bela formulação de Deleuze, "distribuição nômade e anarquia coroada".

Em segundo lugar, porque a diferença específica, em Aristóteles, não pode dar conta de explicar o que constitui a singularidade de um existente, já que ela visa ao princípio de individuação a partir dos elementos já constituídos, retendo no indivíduo apenas o que é conforme ao geral, isto é, sua forma. O ser unívoco, por outro lado, se diz das próprias diferenças e está presente sem

---

35. *Diferença e repetição*, p. 68 [54].

mediação em cada uma delas. Se, em Aristóteles, o ser não é um gênero porque as diferenças específicas são, o ser unívoco, ao contrário, é comum justamente porque as diferenças "não são", isto é, não são indivíduos constituídos na diversidade da experiência, pois são o princípio transcendental que age nesses indivíduos:

> [...] princípio plástico, anárquico e nômade, contemporâneo do processo de individuação, e que não é menos capaz de dissolver e destruir os indivíduos quanto de constituí-los temporariamente: modalidades intrínsecas do ser, passando de um "indivíduo" a outro, circulando e comunicando sob as formas e as matérias.[36]

A diferença individuante, que se desdobra no ser unívoco, precede todo e qualquer elemento do indivíduo constituído, como a forma e a matéria, mas também as diferenças genéricas, específicas e entre indivíduos, porque é como um campo condicionante de toda especificação das formas, de toda determinação e de todas as variações individuais. O que é necessário para uma filosofia da diferença é mostrar como se dá essa precedência e de que maneira se dá esse condicionamento das formas, das matérias e das partes extensivas em relação à diferenciação.

Está definida, portanto, a tarefa da filosofia da diferença, que se confunde com a reversão do platonismo: pensar a diferença em si mesma, e talhar um conceito singular da diferença que não se confunda com uma diferença conceitual, o que implica elaborar uma ideia de diferença que não esteja subordinada à representação, isto é, que ela seja liberada da coerência e da identidade do conceito em geral: de um sujeito que se representa como idêntico a si mesmo e do conceito de um objeto representado. O movimento abstrato de convergência para a identidade cede diante do jogo, mais profundo, de remissões recíprocas entre diferenças que nunca se identificam, mas que se diferenciam em séries desprovidas de centro. "É preciso afirmar a divergência e o descentramento na própria série. Cada coisa, cada ser deve

---

36. *Diferença e repetição*, p. 70 [56].

ver sua própria identidade devorada pela diferença, cada qual sendo apenas uma diferença entre diferenças. É preciso mostrar a diferença *diferindo*."[37]

Assim se desdobrará a filosofia deleuziana até a conclusão de *Diferença e repetição*, e para além dessa obra, flertando com as forças que agem sob a representação. Uma tese que permeia o livro é de que a diferença nunca deixa de insinuar-se mesmo ali onde um filósofo a submete às amarras de um conceito geral ou encontra um método que faz com que ela seja repelida em sua falsa pretensão em participar do fundamento. Mas a filosofia da diferença recusa mediações e representantes e a negatividade não passa de um efeito de superfície, porque o ser, afirmação pura e subterrânea, se diz num único sentido de tudo aquilo de que se diz, ele se diz da diferença. A filosofia da diferença se define, portanto, como um empirismo superior ou transcendental, que busca *sob* o sensível a razão do sensível, qual seja, a diferença (de potencial, de intensidade). Apenas como efeitos de superfície existem a semelhança, a analogia, a oposição e a identidade, porque a diferença é multiplicidade, devir e caos, com suas distribuições nômades e sua anarquia coroada.

---

37. *Diferença e repetição*, p. 94 [79].

Capítulo 2

Como no mundo se constitui o sujeito

Como pode surgir em nós o pensamento? Ora, a questão parece não fazer sentido, já que pensar é considerada uma faculdade natural e igualitariamente disseminada nos humanos. Presume--se que se sabe o que significa pensar ao fazer do pensamento uma faculdade inata da qual todos seriam igualmente dotados, ainda que nem todos façam uso dela da mesma maneira, seja por desatenção, preguiça, falta de estímulo, entre outras coisas. Ainda assim, como Descartes afirmou, no *Discurso do método*, logo no início, todos se julgam muito bem servidos de tal faculdade, por ele denominada bom senso ou razão:

> O bom senso é a coisa do mundo melhor partilhada, pois cada qual pensa estar tão bem provido dele, que mesmo os que são mais difíceis de contentar em qualquer outra coisa não costuma desejar tê-lo mais do que o têm. E não é verossímil que todos se enganem a tal respeito; mas isso antes testemunha que o poder de bem julgar e distinguir o verdadeiro do falso, que é propriamente o que se denomina bom senso ou razão, é naturalmente igual em todos os homens.[1]

Além de ser suficientemente dotado da faculdade de pensar, acredita-se ainda que esse poder de bem julgar (bom senso ou razão) está em afinidade com a verdade, é capaz de distinguir sem sombra de dúvida o verdadeiro do falso. *Cogitatio universalis* (o pensamento é universal) é a fórmula para essa presunção, que comporta dois elementos: a boa vontade do pensador e a natureza reta do pensamento, que devem necessariamente levá-lo à verdade, desde que ele possa encontrar um método para prevenir--se dos erros e dos enganos que vêm de fora do pensamento e que

---

1. Descartes, *Discurso do método*, p. 65.

são da ordem dos interesses sensíveis ou das paixões humanas. Esses elementos permanecem como pressupostos implícitos, os quais não precisam de demonstração, já que "não é verossímil que todos se enganem a esse respeito".

Deleuze parte da recusa dessa presunção junto, como veremos, da recusa da concepção cartesiana do sujeito reflexivo, definido a partir da interioridade e da unidade do *eu penso* como núcleo essencial do ser humano. O pensamento não é, para Deleuze, uma faculdade natural, mas o resultado de um encontro contingente com um signo. Tendo essa recusa e essa definição no horizonte, somos levados à questão que Deleuze coloca já desde seu primeiro estudo monográfico sobre David Hume: trata-se de *como o sujeito se constitui no dado.*

A questão indica evidentemente que não existe um sujeito previamente constituído, que não existem faculdades que operam em nós quando nos dirigimos ao mundo supostamente exterior a nós. Ela implica num distanciamento explícito não apenas em relação a Descartes, mas também em relação à filosofia kantiana. Na sequência, veremos que Kant se pergunta inicialmente a respeito da possibilidade da existência do todo da experiência que se apresenta enquanto fenômeno a um sujeito já constituído; esse sujeito recolhe essa experiência a partir de uma estrutura cognitiva *a priori*. A problemática que Deleuze constrói é diametralmente oposta, porque parte-se da pergunta de como o sujeito se constitui no dado, assim se inserindo no plano da filosofia de Hume. Deleuze se alia ao empirismo humiano para pensar o sujeito a partir da exterioridade, recusando um papel determinante ou condicionante para a interioridade. Ele não pergunta como o dado da experiência é possível, mas o toma como ponto de partida.

O devir-sujeito: percepção, hábito, crença e os princípios da natureza humana no empirismo de Hume

O que seria o dado da experiência segundo a filosofia de Hume? Ele é o fluxo do sensível, um conjunto fragmentado de impressões que se sucedem "sem identidade nem lei"[2], mas que são, em si mesmas, distintas umas das outras e se seguem na experiência: como um cheiro, um som, uma textura, um sabor, uma imagem.

E como nós nos relacionamos imediatamente com esse fluxo? Para Hume, a imaginação, que é sinônimo de espírito, que recebe os estímulos do mundo não é um princípio de organização, não é uma faculdade, mas uma coleção dessas percepções que são distintas e independentes umas das outras. As ideias, por sua vez, são derivadas das impressões sensíveis e entre as duas, entre uma percepção e a sua ideia correspondente (sua representação); a diferença é apenas de grau: uma ideia é uma percepção que perdeu algo de sua força e vividez originária, é uma impressão mais fraca. Quanto à lembrança, o que a diferencia de uma ideia da imaginação é também seu grau de vividez, que decresce na medida em que a ideia ganha autonomia em relação à impressão que inicialmente a provocou.

Para Deleuze, importa mostrar de início que uma ideia ou representação é o princípio constitutivo da experiência em Hume, visto que uma ideia não pode ser dividida infinitamente. A ideia de um grão de areia, por exemplo, não difere da ideia da milésima parte de um grão de areia; ambas são representadas no espírito por uma mesma imagem: a imagem de um grão de areia. Analogamente, uma mancha de tinta num papel só é visível até certa distância, a partir da qual ela desaparece enquanto percepção. Hume aponta para a *atomização* da experiência sensível, isto é, o que define o fragmento sensível é o ponto em que ele não pode ser dividido ou reduzido sem que desapareça, sem que deixe de ser perceptível, logo, sem que deixe de se tornar uma ideia. Com

---

2. *Empirismo e subjetividade*, p. 101 [93].

isso, não se nega que haja coisas menores que os menores corpos perceptíveis, mas sim que existe um mínimo perceptível e que nenhuma representação pode ser menor que aquela que formamos a partir desses menores fragmentos.

Mas se cada fragmento existe por si só, independentemente do todo da experiência, se ele pode ser separado de todo o resto, é porque ele é discernível desse todo e de todas as outras partes que compõem esse todo. É nesse sentido que se pode afirmar que o fragmento sensível, por ser separável é discernível, por ser discernível é diferente. *O fragmento sensível é aquilo que difere, isto é, a própria diferença. Desse modo, Deleuze encontra em Hume a diferença como o princípio constitutivo da experiência* e isso é corroborado por este trecho do *Tratado da natureza humana*: "[...] todos os objetos separáveis são também distinguíveis, e todos os objetos distinguíveis são também diferentes. Pois como seria possível separar o que não é distinguível ou distinguir o que não é diferente?"[3]..

Nada precede essa experiência em que o espírito (ou imaginação) se vê invadido pelos fragmentos sensíveis distintos uns em relação a todos os outros, em que a imaginação acolhe cada percepção discernível como uma existência separada. Portanto, o espírito é uma coleção de percepções ou ideias. No entanto, ser uma coleção de ideias não faz do espírito um sujeito. Algo mais é necessário para fazer do espírito um sujeito. Não sabemos ainda como o sujeito se constitui no dado, mas já sabemos de que maneira o espírito se abastece de impressões, lembranças e ideias.

Antes ainda de avançar no âmago do problema posto por Deleuze, é importante notar que, se a imaginação não é uma faculdade previamente constituída, tampouco se pode supor que aquilo que é dado ao espírito suponha, por sua vez, os órgãos sensíveis e mesmo o cérebro. Cito Deleuze: "por si mesmos, o organismo e os sentidos não têm imediatamente as qualidades próprias de uma natureza humana ou de um sujeito; eles deverão recebê-las de alhures. Por si mesmo, o mecanismo do corpo não

---

3. Hume, *Tratado da natureza humana*, p. 42

pode explicar a espontaneidade do sujeito."[4] Não se pode supor que o organismo tenha previamente uma organização quando de fato é essa organização que supõe outras coisas, as quais virão de outro lugar constituir o sujeito. Essas outras coisas, como veremos em seguida, são os princípios de associação, que são os princípios constitutivos da natureza humana. As qualidades próprias da natureza humana não estão presentes *a priori* na nossa constituição fisiológica, já que esta depende de princípios que virão organizar os mecanismos do corpo, tal como o espírito depende de princípios para organizar as ideias que coleciona. O dado não é dado a um sujeito, é o sujeito que se constitui no dado, e o faz juntamente com os seus mecanismos corporais[5].

Retomando, para que haja o sujeito é preciso que o espírito passe de simples coleção de percepções distintas e se torne uma faculdade. O mesmo é dizer que o dado é tomado por um movimento que o ultrapassa, que faz com que o espírito se torne uma natureza humana. Esse movimento recebe de Hume o nome de *crença*. É pela crença que o sujeito se constitui no dado. Crer é afirmar a partir do que é dado, algo que não é dado. Crer é ultrapassar o dado por meio de uma inferência.

Por exemplo, basta dizer "amanhã" para ultrapassar o dado por meio de minha crença: porque "amanhã" só me é dado enquanto experiência sob a condição de não ser mais amanhã, isto é, de tornar-se "hoje". O mesmo se passa quando eu digo "sempre", algo que jamais pode ser dado à experiência: "sempre" é uma crença de que algo se repetirá indefinidamente. O mesmo se passa quando eu digo "a água evapora quando levada a 100 graus". Isso não é algo que possa ser dado à experiência para todas as vezes, o que se passa é que está subentendido que "eu creio que a água evaporará se eu a levar a 100 graus", pois é dado que eu fiz isso cinquenta vezes, duzentas vezes, é dado que, a cada vez que eu fiz isso, a água evaporou. Mas, confiante na probabilidade

4. *Empirismo e subjetividade*, p. 104 [96].
5. Bergson parece oferecer as coordenadas desse argumento para Deleuze: Bergson, *A evolução criadora*, p. xiii-xiv e p. 217.

da repetição desse evento, digo que a água evaporará todas as vezes. Não existe outra maneira de explicar como se pode inferir do dado algo que não é dado na experiência senão por meio da crença. E fazemos isso o tempo todo, afirmando coisas que não são dadas, que não podem ser dadas na experiência.

Para Hume, trata-se de saber em que condições uma crença é legítima para assegurar um conhecimento indutivo a respeito de algo, tal como o exemplo acima. Não é isso, porém, que nos interessa aqui. Interessa para nós saber *sob que condição a crença é possível*.

Primeiro, existe o hábito enquanto condição necessária para que haja a crença, mas não uma condição suficiente porque ele já é o efeito de algo. O hábito fornece a experiência da "conjunção constante" entre a impressão de um objeto e a ideia de outro objeto que o acompanha habitualmente (como, por exemplo, a chama e o calor), mas o que realiza essa passagem de um a outro não é o próprio hábito, mas sim a relação de causalidade[6]. A crença somente é possível porque age em nós o princípio da causalidade que atua na imaginação, fazendo com que ela realize essa síntese entre o passado e o futuro, que faz com que a imaginação possa colocar o passado como regra para o futuro e dizer "a chama é causa do calor" ou "o calor é causa da ebulição da água". A causalidade faz, assim, a ligação entre percepções originalmente distintas e independentes (frequentemente associadas pelo hábito) e me permite crer para além daquilo que é dado na experiência, ultrapassando assim o dado.

A causalidade não atua sozinha; ela tem a companhia de dois outros princípios, de semelhança e de contiguidade. Esses princípios relacionam entre si os fragmentos sensíveis de maneira que eles não sejam aparições completamente disparatadas entre si, mas se tornem casos de uma repetição. Pois se cada fragmento

---

6. O hábito, em Hume, não é o agente da crença, porque ele é antes de tudo o efeito dos princípios: não haveria hábito sem os princípios. Deleuze, no entanto, atribui ao hábito a prerrogativa de operar uma síntese do passado e do presente que permite que haja uma expectativa em relação ao futuro. Desse modo, o hábito se converte em princípio, segundo a leitura deleuziana.

sensível é um indivisível se considerado em si mesmo, ou seja, em sua capacidade de afetar o espírito, isso não significa que cada impressão constitua sempre uma ideia distinta de outra. Porque a constância de certas impressões semelhantes nos fornece uma tendência a não considerá-las diferentes a cada vez, mas sim como se fossem idênticas, eliminando a descontinuidade ao supor que cada percepção está conectada por uma existência real: assim o leitor ou a leitora se inclina a afirmar a existência real e contínua deste livro cada vez que renova a ideia que tem dele pela percepção ou pela lembrança[7]. A *semelhança* observada entre essas impressões naturalmente as conecta na imaginação, fazendo com que haja uma transição fácil de uma a outra e, assim, atribuímos uma identidade à sucessão de impressões sensíveis, que são, como vimos, essencialmente diferentes umas em relação às outras[8].

Desse modo, o que é que faz do espírito um sujeito, da imaginação uma faculdade? Os princípios de associação: causalidade, semelhança e contiguidade. Por meio da associação de ideias, a imaginação deixa de ser apenas uma coleção, pois estas ganham uma consistência ou uma qualidade que torna possível ultrapassar as ideias, torna possível dizer mais do que aquilo que a experiência sensível fornece, passar de uma impressão ou ideia presente a uma coisa que não está presente no dado.

A experiência passada nos habituou, por exemplo, a relacionar a impressão de chama com seu efeito calor devido à conjunção constante entre elas, isto é, por haver contiguidade entre as duas impressões e por elas aparecerem aos sentidos em sucessão. Por isso, sempre que sentimos a impressão imediata de chama aos sentidos ou lembramo-nos da impressão de chama, fazendo com que ela retome sua vividez, a ideia de calor é suprida em conformidade com a experiência passada: o calor é aquilo que

---

7. Hume, *Tratado da natureza humana*, p. 232 e ss.
8. "Esses próprios princípios dão uma constância ao espírito, naturalizam-no. Parece que cada um deles dirige-se a um aspecto particular do espírito: a contiguidade, aos sentidos; a causalidade, ao tempo; e a semelhança, à imaginação" (*Empirismo e subjetividade*, p. 120 [112]).

eu posso esperar, é minha expectativa, minha crença. Assim, a relação de causa e efeito nos leva para além das impressões imediatas da memória e dos sentidos, fazendo com que se produza, na imaginação, a crença enquanto ideia vívida associada com tal impressão presente, recebendo dela uma parte de sua força e vividez. Com a causalidade, passa-se de algo dado à ideia de algo que jamais foi dado na experiência.

Mais um exemplo: a ideia de necessidade não é uma qualidade das coisas, mas uma qualificação da imaginação; a repetição frequente de um caso em que um objeto é a causa de outro nos determina a considerar, quando um dos objetos aparece, o objeto que usualmente o acompanha, e isso de uma maneira tão intensa quanto a frequência em que a relação se repete. Assim, dado que os fumantes são um grupo de risco para inúmeras doenças, assumimos que quem fuma muitos cigarros por dia terá *necessariamente* problemas em sua saúde. Formamos assim a ideia de necessidade, não como uma impressão sensível, mas como uma nova impressão produzida pelo costume de considerar os dois objetos em conjunção usual, graças aos princípios de associação[9].

Vale ainda trazer à cena o argumento de Hume que procura demonstrar, por seus efeitos, a necessidade dos princípios de associação:

> Como a imaginação pode separar todas as ideias simples, e uni-las novamente da forma que bem lhe aprouver, nada seria mais inexplicável que as operações dessa faculdade, se ela não fosse guiada por alguns princípios universais, que a tornam, em certa medida, uniforme em todos os momentos e lugares. Fossem as ideias inteiramente soltas e desconexas, apenas o acaso as juntaria; e seria impossível que as mesmas ideias simples se reunissem de maneira regular em ideias complexas (como normalmente fazem) se não houvesse algum laço de união entre elas, alguma qualidade associativa, pela qual uma ideia naturalmente introduz outra.[10]

---

9. Hume, *Tratado da natureza humana*, p. 188-9.

10. Hume, *Tratado da natureza humana*, p. 34. Parte desse trecho é citado por Deleuze em nota: *Empirismo e subjetividade*, p. 12 [4].

Os princípios de associação afetam a imaginação, tornando-a uma faculdade; eles são qualidades que agem sobre as ideias, dotando--as de um liame e de uma regularidade, sem que a imaginação seja chamada a participar desse processo, prevalecendo sobre o acaso das uniões feitas pelo delírio ou pela fantasia em que a imaginação engendra dragões de fogo ou cavalos alados. *São os princípios que dão constância e uniformidade às ideias ao associá-las na imaginação, ativando o espírito e provendo-o, assim, de uma natureza humana.*

Ultrapassando a alternativa passividade ou atividade como caracterização do sujeito, Deleuze afirma que "o sujeito é o espírito ativado pelos princípios" e "a natureza humana é a imaginação, mas que outros princípios tornaram constante, fixaram"[11]. Assim, o espírito, inicialmente passivo, devém sujeito na medida em que é ativado pelos princípios, em que adquire uma tendência a ultrapassar o dado, a efetuar a passagem de uma ideia para outra ideia não dada na experiência.

Assim, sabemos de que modo o espírito se ultrapassa a si mesmo: por meio da ação dos princípios de associação, que, por isso, devem ser chamados de princípios da natureza humana. Eles estabelecem relações entre as ideias, organizam-nas, transformam uma mera coleção de impressões num sistema de relações. O sujeito será, portanto, o efeito de princípios que fazem com que a imaginação ultrapasse a si mesma.

Ainda, é importante sublinhar que as relações não dependem das ideias; não há nada nas próprias ideias que seja capaz de produzir as relações. Em outras palavras, as relações são exteriores às ideias. Hume teria, nas palavras de Deleuze, elevado o empirismo a uma potência superior: o mundo empírico de átomos ou diferenças sensíveis que se imprimem na imaginação possui uma *tendência*, que é a de devir um sujeito pela ação de princípios como *passagens externas* que qualificam as ideias e permitem ultrapassar o dado.

Mas, afinal, de que causas dependem as relações, o que é que produz os princípios de associação? Se se quer saber como o

---

11. *Empirismo e subjetividade*, p. 135 [127] e 13 [5], respectivamente.

sujeito se constitui desde a coleção de ideias, será necessário remontar a essa questão: afinal, de que instância vêm os princípios de que depende a constituição do sujeito, qual é a causa dos princípios da natureza humana?

A objeção de Kant: a subjetividade transcendental

O sexto capítulo de *Empirismo e subjetividade*, "Os princípios da natureza humana", começa da seguinte forma: "O atomismo é a teoria das ideias na medida em que as relações são exteriores a elas; o associacionismo é a teoria das relações na medida em que estas são exteriores às ideias, isto é, na medida em que dependem de outras causas"[12].

Vimos o que esse duplo aspecto da filosofia de Hume, o atomismo e o associacionismo, significa para Deleuze, quando se trata para ele de definir o empirismo a partir dessa dualidade:

1. Há, por um lado, os fragmentos sensíveis, que se sucedem uns aos outros sem conter em si qualquer regularidade e qualquer identidade, absolutamente independentes uns em relação aos outros; por serem distintos e discerníveis, os fragmentos são a própria diferença como princípio constitutivo do dado, definindo o espírito ou a imaginação como uma coleção de percepções ou ideias; assim, o que se designa como *atomismo* em Hume diz respeito a essa condição em que a experiência se imprime no espírito enquanto uma coleção de percepções distintas entre si; em outras palavras, *os fragmentos sensíveis são a própria manifestação dos poderes da Natureza em nosso corpo e em nosso espírito ainda passivos*;

2. Por outro lado, há os princípios da natureza humana como causas das relações entre as ideias, ativando o espírito e dotando-o, pela capacidade de associar ideias distintas, de constância e regularidade, de modo que ele se torna

12. *Empirismo e subjetividade*, p. 127.

capaz de dizer mais do que lhe é dado, ultrapassando assim a experiência; portanto, *o associacionismo é a atuação na imaginação dos princípios da natureza humana, princípios constituintes da natureza humana.*

Tais princípios nada devem às próprias ideias que relacionam; não há nada nas próprias ideias que seja capaz de produzir as relações: "as relações são exteriores às ideias"[13]. Se se deseja definir o empirismo humiano, é preciso não perder de conta justamente que, se o sujeito se constitui no dado, é porque as relações são exteriores às ideias. *É justamente isso que Deleuze afirma ser a definição de uma teoria empirista: quando as relações que se estabelecem entre as coisas são independentes da natureza das coisas.*

Embora as relações sejam exteriores às ideias, o fato é que entre as duas coisas existe um nexo, ou seja, entre os poderes que estão na origem do dado (a que podemos chamar de Natureza) e os princípios de associação como princípios constituintes do sujeito, deve existir um acordo que faça com que as leis da Natureza e as regras das representações no espírito correspondam umas com as outras. Veremos que, nas condições postas pelo empirismo humiano, é necessário apelar para um princípio metafísico para dar conta desse acordo: o princípio da finalidade.

Antes, porém, vejamos como Kant fez a crítica desse problema. No início da *Crítica da razão pura*, ele levanta a seguinte objeção a Hume, que Deleuze faz questão de retomar:

> Na verdade, é a lei *meramente* empírica aquela em virtude da qual representações que frequentemente se seguem ou se acompanham acabam por se associar entre si e por formar, assim, uma ligação tal que, mesmo sem a presença do objeto, uma delas faz passar o *ânimo* a uma outra, segundo uma regra constante. Mas essa lei da reprodução supõe que os próprios fenômenos estejam realmente submetidos a uma regra desse gênero e que, *no diverso das suas representações, ocorra um acompanhamento ou sequência* em conformidade com certas regras; pois, de outro modo, nossa *força imaginativa* [imaginação] empírica nada mais teria a fazer que fosse conforme ao seu *poder* [faculdade] e, por conseguinte,

---

13. *Empirismo e subjetividade*, p. 129 [120].

permaneceria *afundada no interior do ânimo* [espírito] como um *poder morto* [faculdade morta] e desconhecido de nós mesmos. Se o cinábrio fosse ora vermelho, ora preto, ora leve, ora pesado, [se o homem se transformasse ora nesta ora naquela forma animal, se num dia muito longo a terra estivesse coberta ora de frutos, ora de gelo e neve], minha *força imaginativa* [imaginação] empírica não teria a ocasião de receber no pensamento o pesado cinábrio com a representação da cor vermelha; ou se certa palavra fosse atribuída ora a uma coisa e ora a outra, ou ainda a mesma coisa fosse chamada ora de um nome ora de outro, sem que houvesse alguma regra à qual os fenômenos já estivessem submetidos por si mesmos, nenhuma síntese empírica da *reprodução* poderia ter ocorrido.

É preciso, portanto, que haja algo que possibilite essa reprodução dos fenômenos, e que seja o *fundamento* [princípio] *a priori* de uma unidade sintética [e] necessária [dos fenômenos]. [...]. Se agora pudermos *mostrar* que mesmo as nossas mais puras *intuições a priori* não nos fornecem conhecimento algum, a não ser que contenham tal ligação do *multíplice* [diverso] ligação que possibilita uma síntese completa da reprodução [que uma síntese completa da reprodução torna possível], de modo que essa síntese da imaginação está também ela, e anteriormente a toda experiência, fundada sobre princípios *a priori*, temos de admitir uma síntese transcendental pura da mesma [da imaginação], que fundamenta a possibilidade de toda experiência (a qual pressupõe necessariamente a reprodutibilidade dos fenômenos).[14]

É justamente no que diz respeito ao nexo entre a Natureza (os poderes constitutivos do dado) e a natureza humana (os princípios de associação que constituem um sujeito no dado) que Kant dirigirá sua crítica ao associacionismo, já apresentando a questão desde uma formulação própria: para ele, trata-se de *compreender os termos do acordo* entre a regra de reprodução dos fenômenos na Natureza e a regra de reprodução das representações no espírito. Eis o modo como Kant lê o traço fundamental do empirismo de Hume: a conjunção constante entre duas representações, que permite associá-las entre si, de modo que na presença de uma

---

14. Kant, *Crítica da razão pura*, "Da síntese da reprodução na imaginação", A100-A102 (p. 137-138). Esse trecho é citado por Deleuze em *Empirismo e subjetividade*, p. 131-132 [123-124]. Acrescentamos entre colchetes variações da tradução usada por Deleuze, além de complementos de passagens excluídas da citação. Cf. a tradução de *Crítica da razão pura* por Manuela P. dos Santos e Alexandre F. Morujão (Lisboa: Fundação Calouste Gulbenkian, 6ª ed., 2008).

delas o espírito é capaz de passar a outra, mesmo sem a presença do objeto, deve pressupor que os próprios fenômenos estejam submetidos a essa mesma regra. De acordo com o célebre exemplo, para que haja na minha imaginação empírica a representação do cinábrio vermelho e pesado, é preciso que ele seja de fato vermelho e pesado para todas as vezes em que se apresenta para mim. Em suma, os fenômenos devem estar submetidos a regras constantes, sem as quais não poderia haver uma síntese da reprodução na imaginação, pois como poderíamos formar uma imagem do homem se o homem tivesse ora esta, ora aquela forma animal? Sem os fenômenos estarem submetidos por si mesmos a uma regra, não poderia haver nenhuma síntese empírica da reprodução e a imaginação não passaria de uma "faculdade morta e desconhecida de nós mesmos".

Assim, se é certo, para Kant, que toda apreensão dos fenômenos, toda intuição empírica exige princípios *a priori* como fundamento da possibilidade de toda a experiência, é necessário também que haja uma síntese transcendental pura desta imaginação. Mas para que haja essa síntese transcendental da imaginação deve haver antes, na Natureza, a reprodutibilidade dos fenômenos, a submissão dos fenômenos a regras uniformes e constantes.

A síntese das representações é *a priori*, porque independente da experiência, mas não se aplica senão à experiência, isto é, aos objetos tais como eles aparecem para o entendimento enquanto "fenômenos". Quando digo que "a água evapora quando fervida", afirmo mais que o dado a partir de princípios que não estão no dado, que são subjetivos. Mas quando se ferve a água, ela de fato vira vapor. O que sustentaria o princípio de causalidade se a água, ao ferver, evaporasse algumas vezes e outras não? É necessário, portanto, que o dado seja submetido aos mesmos princípios que operam em nossas representações, pois sem tal submissão dos fenômenos a regras constantes, não se encontraria ocasião de nossas faculdades que atuam no conhecimento operarem uma síntese *a priori* das representações. Assim, em Kant, os princípios não são meramente psicológicos, mas constitutivos de uma subjetividade transcendental, pois eles se aplicam tanto aos procedimentos subjetivos quanto ao fato do dado se submeter necessariamente a tais procedimentos[15]. Esse é o fato do conhecimento, o acordo entre a Natureza e a subjetividade: superamos o que é dado na experiência através de princípios que não se encontram naquilo que é dado, que são subjetivos, *a priori*, mas que, não obstante, constituem uma regra de reprodução dos fenômenos na Natureza.

Deleuze compara Hume e Kant no que diz respeito à nossa faculdade da imaginação.

Em Hume, a imaginação se torna uma faculdade quando, sob o efeito dos princípios, o espírito é ativado de modo a constituir-se uma síntese da reprodução, isto é, uma lei de reprodução das representações, o que é o mesmo que dizer que uma crença se torna possível e do dado eu posso inferir algo que não é dado. E isso pressupõe um acordo entre os poderes da Natureza e os princípios constitutivos do sujeito.

Para Kant, o sujeito não se constitui no dado como efeito de princípios, mas possui em si os princípios *a priori* da possibilidade do conhecimento como síntese. No entanto, de nada bastaria possuir a faculdade de estabelecer as ligações entre as representações se a própria Natureza ou, nas palavras de Deleuze, "se o próprio dado não fosse *de antemão* submetido a princípios do mesmo gênero daqueles que regram a ligação das representações para um sujeito empírico"[16]. Se não fosse assim, a imaginação permaneceria em estado de latência e jamais uma síntese da reprodução poderia ocorrer.

A solução de Kant é a de conceber um acordo do dado com o sujeito, isto é, da Natureza com a racionalidade humana, já que a Natureza somente é dada enquanto fenômeno, quer dizer, desde uma síntese *a priori* que torna possível uma regra das representações na imaginação, mas sob "a condição de constituir,

15. *A filosofia crítica de Kant*, p. 20-21.
16. *Empirismo e subjetividade*, p. 133 [124].

primeiramente, uma regra [de reprodução] dos fenômenos nessa própria Natureza. [...] Como fenômenos, as coisas supõem uma síntese cuja fonte é a mesma que a das relações"[17].

Portanto, contra o dualismo dos termos e das relações em Hume, aqui as relações dependem da natureza das coisas (no caso, dos fenômenos)[18]. Com isso, está demonstrado por que a filosofia crítica não é um empirismo e pode-se também compreender a difícil afirmação de Deleuze: "A transcendência era o fato empírico; o transcendental é o que torna a transcendência imanente a algo = x"[19]. Pois, segundo Kant, existe uma mesma fonte para a síntese dos fenômenos na imaginação e para as relações presentes no conjunto de fenômenos da Natureza. Assim, o fato empírico é remetido não mais à transcendência, mas ao plano transcendental, ou seja, às formas *a priori* da imaginação produtiva, de modo que a realidade inequívoca do objeto sensível, enquanto fenômeno, se dá de maneira imanente à consciência, e estão ambos, o fenômeno e sua representação para o sujeito, submetidos aos mesmos princípios de reprodução.

Nessas duas filosofias, os princípios do conhecimento não derivam da experiência: são transcendentes, em Hume[20], transcendentais, em Kant. A diferença fundamental está no fato de que, em Hume, não há um *a priori* da imaginação, nada lhe é transcendental.

Mas, de que modo se poderia responder à objeção kantiana mostrando que, na ausência do transcendental, pode haver um acordo entre a Natureza e a natureza humana? Somente por meio do recurso de Hume a outro princípio transcendente: a finalidade. Finalidade é a denominação desse acordo entre a natureza humana e a Natureza, em que os princípios concordam com os poderes da Natureza, dos quais o dado depende e que

---

17. *Empirismo e subjetividade*, p. 134 [125].

18. "Denominar-se-á não empirista toda teoria segundo a qual, *de uma ou de outra maneira, as relações decorram da natureza das coisas*". *Empirismo e subjetividade*, p. 131 [123].

19. *Empirismo e subjetividade*, p. 134 [125].

20. Em Hume, esses princípios agem "por si sós" (*Empirismo e subjetividade*, p. 71 [63]), são princípios transcendentes, cuja origem é desconhecida para nós. Eles apenas são dedutíveis a partir de seus efeitos, isto é, a partir dessa operação de constituição do sujeito que vimos acima.

permanecem desconhecidos para nós[21]. Para compreender isso, precisamos abordar, na própria filosofia humiana, o tema das circunstâncias afetivas ou princípios de paixão.

As circunstâncias afetivas, os princípios de paixão e o sujeito prático

Sabemos que são os princípios de associação que conduzem o espírito de uma ideia a outra, que qualificam o espírito, tornando-o uma natureza humana. Resultam desses princípios a crença, as ideias gerais e as ideias de reflexão, isto é, todas as formas de relacionar uma ideia com outra ou com outras, para além do dado da experiência. Tais princípios são a condição necessária para que se estabeleçam tais relações, mas eles, por si sós, não bastam para explicar as particularidades das relações. Porque os princípios explicam o que há de comum no modo de funcionamento de nosso entendimento, as regras por meio das quais as ideias se compõem entre si, se ligam umas às outras, mas não dão conta do que há de singular nisso; isto é, da maneira específica a partir da qual um sujeito particular relaciona isto com aquilo, compara precisamente tal ideia com outra ideia, em meio a tantas possibilidades.

Desta feita, a objeção que Deleuze convoca fora feita por Bergson em *Matéria e memória*:

> Procurar-se-iam em vão duas ideias que não tivessem entre si algum traço de semelhança ou não se tocassem por algum lado. Trata-se de semelhança? Por mais profundas que sejam as diferenças que separam duas imagens, encontrar-se-á sempre, em se remontando o suficientemente alto, um gênero comum ao qual elas pertencem e, por conseguinte, uma semelhança que lhes serve de traço de união [...]. Isso equivale a dizer que entre duas ideias quaisquer, escolhidas ao acaso, há sempre contiguidade, de sorte que, descobrindo-se uma conexão de contiguidade e de semelhança entre duas representações que se sucedem, de modo algum se explica por que uma evoca a outra. A verdadeira questão está em saber como se opera a seleção entre uma infinidade

---

21. *Empirismo e subjetividade*, p. 159 [152].

de lembranças, todas se assemelhando sob algum aspecto à percepção presente, e por que só uma dentre elas – sobretudo esta e não aquela – emerge à luz de nossa consciência.[22]

Se todas as ideias se assemelham, não se pode explicar por que uma ideia específica evoca exatamente esta e não aquela, dentre uma infinidade de possibilidades. Afinal, a chama pode evocar a ideia de calor, mas também de conforto, ou de medo, ou de fome, etc. A resposta que Deleuze encontra a essa objeção de Bergson é que o que deve ser levado em conta, em cada caso, é o que Hume definia como *circunstância afetiva*. Esta será a variável que, ao definir as paixões ou os interesses de um sujeito, o singularizará. A resposta, então, de Hume a Bergson estaria antevista no *Tratado da natureza humana*:

> Ocorre frequentemente que, quando dois homens foram comprometidos numa ação, um deles recorda-a muito melhor que o outro, tendo todas as dificuldades do mundo para levar seu companheiro a recordar-se dela. É em vão que ele insiste sobre diversas circunstâncias, mencionando o momento, o lugar, a companhia, o que foi dito, o que foi feito de todas as partes; até o momento, enfim, em que ele toca uma circunstância feliz que ressuscita o todo e dá ao seu amigo uma perfeita memória de todos os detalhes.[23]

Essas circunstâncias afetivas são designadas por Hume como *princípios de paixão* que deverão se juntar aos princípios de associação para a constituição do sujeito. Uns explicam por que as ideias se associam (dando ao sujeito sua forma necessária), outros por que é aquela ideia e não esta que está associada com outra, em tal circunstância (dando ao sujeito seu conteúdo singular). Assim, como se vê no capítulo 6 de *Empirismo e subjetividade*, as relações encontram sua direção na paixão, supõem "projetos, objetivos, intenções, afetividade": "A afetividade é questão de circunstância, [...] um conjunto de circunstâncias singulariza sempre um sujeito, pois representa um estado de suas paixões e de suas necessida-

---

22. Bergson, *Matéria e memória*, apud *Empirismo e subjetividade*, p. 122 [114].
23. Hume, *Tratado da natureza humana*, apud *Empirismo e subjetividade*, p. 124 [116], nota 82.

des, uma repartição de seus interesses, uma distribuição de suas crenças e de suas vivacidades"[24]. Os princípios de paixão selecionam as impressões de sensação porque já estão submetidos por si mesmos às necessidades mais gerais e constantes da vida prática. E, por isso, Deleuze pode definir a "proposição fundamental do empirismo", a de que não há subjetividade teórica, que esse sujeito que se constitui no dado é essencialmente prático, já que se constitui nos vínculos das relações e das circunstâncias.

No entanto, é importante que vejamos com mais detalhes. O sujeito, como sabemos, é o efeito dos princípios no espírito, isto é, inicialmente passivo, o espírito coleciona impressões sensíveis (percepções); à medida que os princípios de associação agem nele, um sujeito emerge da passividade e vai se tornando mais e mais ativo, constituindo-se não de uma vez por todas, mas num processo. "A subjetividade é um processo", afirma Deleuze[25].

De acordo com a conclusão de *Empirismo e subjetividade*, os princípios agem de duas maneiras diferentes:

1. Eles estabelecem relações entre as ideias, ligações de uma ideia a outra: uma ideia introduz *naturalmente* uma outra ideia de acordo com a semelhança, com a contiguidade ou com a causalidade;

2. Eles operam uma seleção, dentre o conjunto de impressões, daquelas que lhe servirão de acordo com o prazer ou a dor que elas provocam ao espírito. Quando se trata de selecionar as percepções, são os princípios de paixão que fornecem um critério para a ação, que fazem do prazer um fim e agenciam meios para realizá-lo. Ainda que todo meio seja uma causa e todo fim seja um efeito, importa menos a relação de causalidade aqui presente, porque é preciso que o efeito seja colocado como fim de uma determinada ação,

---

24. *Empirismo e subjetividade*, p. 123-124 [115-116].
25. *Empirismo e subjetividade*, p. 136 [127].

que ele seja considerado como um bem. Assim, o sujeito age tendo em vista uma utilidade, no sentido de que o fim almejado possa lhe promover um bem.

Essa utilidade, esse fim buscado como forma de promover um bem depende fundamentalmente das circunstâncias em que o sujeito e sua ação estão envolvidos. O sujeito, uma vez constituído, ativado pelos princípios, não se limita a fazer as ideias se comunicarem entre si, pois ele dirige sua atenção a uma ideia mais que a outra e faz com que os meios racionais de que dispõe se dirijam como fim a algo que promete promover um bem. Se algo possui essa qualidade, ele não o possui por si mesmo, mas por ter recebido de uma circunstância particular uma vivacidade que ela comunica a essa ideia perseguida. Por exemplo, um cachorro percebido por uma criança pode ser relacionado a um bem, a uma promessa de divertimento e afeição, enquanto o mesmo cachorro percebido por outra criança pode ser o alarme para a busca de socorro ou para o choro. O que diferencia uma atitude da outra é a circunstância afetiva de como a ideia de cachorro foi acolhida no espírito de cada uma dessas crianças, por exemplo, pelos pais que teriam feito acompanhar da presença do cachorro ou um incentivo para o contato, ou uma advertência quanto ao perigo de ser mordido, etc. Deleuze acrescenta que "os princípios da paixão fixam o espírito, dando-lhe fins, e eles o ativam porque as perspectivas desses fins são ao mesmo tempo motivos, disposições para agir, inclinações, interesses particulares"[26]. Os princípios de paixão selecionam as impressões em função de projetos, intenções, circunstâncias, enfim, todas as necessidades mais gerais da vida prática, da vida afetiva. O sujeito, em Hume, é um sujeito prático justamente na medida em que as associações que o impulsionam a ultrapassar a experiência são inseparáveis de um conteúdo singular, uma dada circunstância afetiva que lhe serve como motivo, como fim: "as relações são submetidas aos fins do sujeito"[27].

26. *Empirismo e subjetividade*, p. 154 [147].
27. *Empirismo e subjetividade*, p. 158 [150].

Desse modo, sob os princípios da natureza humana, opera ainda a vivacidade do espírito que paradoxalmente se conforma a essas leis e as coloca a seu serviço, fazendo com que o sujeito prefira as tendências (disposições para agir) úteis às nocivas.

Porém, se é evidente que os princípios de associação e os princípios de paixão atuam sobre o espírito, fazendo com que ele ultrapasse a si mesmo, constituindo-se como sujeito que crê e que espera algo, isso não implica que tais princípios possam ser conhecidos pelo que são. "Não são seres", afirma Deleuze, "mas funções"[28]. Eles somente podem ser definidos por seus efeitos. Por isso, em Hume, segundo a leitura deleuziana, encontramos um pensamento sobre a prática, mas não uma ontologia. Não se pode saber o que esses princípios são, apenas quais são seus efeitos sobre nossa vida prática. O acordo entre a natureza humana e a Natureza se dá porque os princípios são conformes aos poderes ocultos do que constitui o dado, isto é, da Natureza, ainda que eles permaneçam ocultos para nós, na medida em que só lidamos com seus efeitos. Mas são justamente esses efeitos que deixam no espírito uma marca (impressão) e uma ressonância (ideia), a partir dos quais os princípios virão estabelecer relações, bem como um anseio (vivacidade), cuja origem está numa circunstância afetiva, a partir da qual os princípios de paixão virão direcionar as ações do sujeito em vista de um fim.

---

28. *Empirismo e subjetividade*, p. 158 [151].

Capítulo 3

A crítica deleuziana à subjetividade transcendental de Kant

Preâmbulo sobre o modelo da recognição

Igualmente presente nas filosofias de Descartes e de Kant, o modelo da recognição serve como explicação filosófica a respeito da maneira como um sujeito racional, diante de um objeto que se apresenta à sua experiência, seria efetivamente capaz de transformá-lo em objeto de conhecimento. Segundo Deleuze, que dirigirá duras críticas a esse modelo, existem duas características que lhe são recorrentes: o exercício concordante das faculdades para o reconhecimento do objeto e a unidade substancial do sujeito pensante.

(a) *O exercício concordante das faculdades humanas para chegar a conhecer a identidade do objeto visado.* Dado um objeto, suposto como idêntico a si mesmo, cada faculdade particular o visa desde sua maneira peculiar de lidar com a experiência, de maneira a chegar ao fim dessa inspeção múltipla a um mesmo resultado, que é o reconhecimento do objeto. Desse modo, a faculdade sensível permite que o objeto seja visto, tocado, cheirado, provado e ouvido. A faculdade imaginativa faz com que o objeto seja imaginado, a memória faz com que ele seja lembrado, o entendimento faz com que o objeto seja concebido. Era assim que Descartes, na *Meditação Segunda*, tomava o pedaço de cera como objeto de um reconhecimento, quando afirmava: "qual é esta cera que não pode ser concebida senão pelo entendimento? Certamente é a mesmo que vejo, que toco, que imagino e a mesma que conhecia desde o começo"[1].

---

1. Descartes, *Meditações*, Meditação Segunda, § 13, p. 273.

Esse exemplo retirado da história da filosofia e usado por Deleuze é extraordinário justamente porque, para Descartes, tratava-se de, pelo exame do pedaço de cera, demonstrar que somente se pode conhecer um objeto por meio do entendimento e não pela colaboração entre as faculdades; porque se acho que posso conhecer a cera por suas características sensíveis, como a cor, o cheiro das flores de que foi recolhido, por sua doçura e assim por diante, basta aproximá-la do fogo para que ela perca seu sabor e seu odor, sua cor e sua forma. O que permanece o mesmo apesar da transformação é a concepção da cera tal como é efetivada pelo entendimento, que nada deve a quaisquer de suas características exteriores que nos são recebidas pelos sentidos. Sabemos, afirma Descartes, que o pedaço de cera (sólida) e a cera aquecida (líquida) são a mesma cera unicamente pela intervenção de um exame, de um julgamento do espírito.

No entanto, embora Descartes conclua afirmando que "só concebemos os corpos pela faculdade de entender em nós existente e não pela imaginação nem pelos sentidos..."[2], ele admite que a cera, que não poderia ser concebida senão pelo entendimento, é "certamente a mesma que vejo, que toco, que imagino e a mesma que conhecia desde o começo". É assim que a cera é objeto de um reconhecimento, em que cada faculdade a visa como um objeto idêntico ao que é visado por cada uma das outras, num exercício concordante. Dessa maneira, Deleuze define a recognição a partir desse "princípio subjetivo da colaboração das faculdades". O erro seria uma espécie de falha desse mecanismo, uma falsa recognição, quando uma faculdade confunde o seu objeto com o objeto de outra faculdade: por exemplo, dizer que não se trata da mesma cera quando vista na forma líquida. O entendimento teria o papel de corrigir essas falhas.

Entretanto, ele indica ainda que, no modelo da recognição, existe uma segunda característica: (b) *a identidade do objeto exige como fundamento a "unidade de um sujeito pensante do qual todas as*

---

2. Descartes, *Meditações*, Meditação Segunda, § 18, p. 275.

outras faculdades devem ser modos"[3]. Isso corresponde exatamente à distinção cartesiana entre o *cogito* em sua essência, isto é, como coisa pensante, e os modos que a revestem, isto é, a imaginação, a sensibilidade, a vontade e a lembrança. Nas palavras de Descartes: "Mas o que sou eu, portanto? Uma coisa que pensa. Que é uma coisa que pensa? É uma coisa que duvida, que concebe, que afirma, que nega, que quer, que não quer, que imagina também e que sente"[4]. Logo, Deleuze pode afirmar que o *cogito* (o pensamento) exprime "a unidade de todas as faculdades no sujeito" num jogo de espelho com um objeto visado como idêntico a si mesmo.

Descartes, portanto, abraçava os pressupostos do senso comum ("é sempre o mesmo objeto que se apresenta para um exercício concordante das faculdades") e o *cogito* nada mais é que o senso comum tornado filosófico. Assim, a segunda característica do modelo da recognição é a de que, *acima das faculdades, existe a unidade substancial do sujeito pensante (Eu=Eu) que se reflete na identidade do objeto (A é A)*. Existe, portanto, nesse modelo, uma estrita complementaridade entre a identidade do objeto e a unidade do sujeito racional.

Como veremos neste capítulo, esse jogo de espelhos está igualmente presente na filosofia kantiana: na sua versão do modelo da recognição, Kant afirma a identidade do Eu como fundamento do acordo de todas as faculdades que visam um objeto suposto como o Mesmo (à qual corresponde a forma do objeto qualquer). O *eu penso* kantiano não é uma faculdade como as outras, mas o fundamento do acordo entre as faculdades que visam o objeto igual a si mesmo. O objeto que se apresenta à experiência não é um objeto singular, real, concreto, mas a forma de um objeto qualquer (objeto = x) como correlato de uma experiência possível. Voltado ao objeto qualquer em sua forma, o conhecimento não seria mais que um reconhecimento operado por um acordo harmonioso entre as faculdades, cujo fundamento seria a identidade do *eu penso*.

---

3. *Diferença e repetição*, p. 195 [174].
4. Descartes, *Meditações*, Meditação Segunda, § 9, p. 270.

A colaboração das faculdades, o esquematismo da imaginação e o problema da gênese do senso comum

A respeito do acordo harmonioso das faculdades na filosofia kantiana, Deleuze assim se posiciona, em *Diferença e repetição*:

> Se é verdade que o senso comum em geral implica sempre uma colaboração das faculdades sob uma forma do Mesmo ou um modelo da recognição, não deixa de ocorrer que uma faculdade ativa entre as outras é encarregada, segundo o caso, de fornecer esta forma ou este modelo a que todas as outras submetem sua contribuição. Assim, a imaginação, a razão e o entendimento colaboram no conhecimento e formam um "senso comum lógico"; mas é o entendimento que, neste caso, é a faculdade legisladora e que fornece o modelo especulativo sob o qual as duas outras são chamadas a colaborar. Para o modelo prático da recognição, ao contrário, é a razão que legifera no senso comum moral. Há ainda um terceiro modelo, em que as faculdades acedem a um livre acordo num senso comum propriamente estético. Se é verdade que todas as faculdades colaboram na recognição em geral, as fórmulas desta colaboração diferem segundo as condições daquilo que está para ser reconhecido, objeto de conhecimento, valor moral, efeito estético... Portanto, longe de reverter a forma do senso comum, Kant somente a multiplicou.[5]

A crítica de Deleuze, como veremos, vai no sentido de afirmar que Kant postula a colaboração das faculdades como um modelo aplicável a todos os casos (o conhecimento, a moral, a fruição estética), sem que tenha demonstrado qual é a gênese dessa colaboração. O compromisso de Kant com o senso comum se manifestava por meio desse postulado e da atribuição ao pensamento de uma natureza reta ou bom senso. Ele argumentava que, seja qual for o interesse da razão em cada caso e as ilusões interiores à razão que a desviam de seus objetivos, ambos podem ser evitados desde que se faça um bom uso das faculdades (bom senso), ou seja, desde que cada uma das faculdades (a sensibilidade, a imaginação, o entendimento, a razão) realize bem o que lhe cabe, se pronuncie honestamente a respeito da tarefa que cabe a cada uma, tendo em vista, ao final, o reconhecimento do objeto. O

---

5. *Diferença e repetição*, p. 199 [178-179].

senso comum é assim definido como o princípio da colaboração das faculdades para que a recognição do objeto se efetive a cada vez. No caso que nos interessa aqui, o especulativo, o entendimento é a faculdade legisladora e determina os modos de colaboração da razão e da imaginação.

A chamada revolução copernicana de Kant, no entanto, estaria precisamente no fato de sua teoria do conhecimento substituir a ideia de uma harmonia ou de um acordo entre a ordem das ideias no sujeito e a ordem das coisas no mundo pelo princípio de uma submissão necessária dos dados da experiência às representações *a priori* do sujeito. É essa propriamente a descoberta do domínio do transcendental. Ora, essa submissão apenas se dá tendo como contrapartida necessária o fato de que os fenômenos como dados da experiência não são mera aparência, mas aquilo que, primeiramente, afeta nossa sensibilidade enquanto faculdade passiva e receptiva para somente depois essas afecções serem submetidas ao entendimento enquanto faculdade ativa capaz de realizar uma síntese com vistas ao seu conhecimento, com o auxílio, como veremos, da imaginação. Em outras palavras, de acordo com a interpretação de Deleuze, o problema da relação entre o sujeito e o objeto se interioriza, torna-se o problema de uma relação entre faculdades distintas: a sensibilidade, a imaginação e o entendimento.

Vejamos detalhadamente o que caberia a cada uma das faculdades no que diz respeito ao interesse especulativo:

1. A sensibilidade ou faculdade da intuição é nossa única faculdade passiva, pela qual somos afetados pelos dados da experiência de forma imediata, sendo o espaço e o tempo as formas puras, as intuições puras como condição *a priori* da possibilidade de uma coisa qualquer nos ser dada como fenômeno.

2. A imaginação, como faculdade ativa, sintetiza e esquematiza. A imaginação faz a mediação entre os objetos da intuição e os conceitos do entendimento; ela realiza uma

síntese que se exerce *imediatamente* nas percepções (síntese da apreensão) e *diretamente* nas representações da diversidade da experiência, referindo, assim, os fenômenos ao entendimento. Tendo os fenômenos sido submetidos ao entendimento pela síntese, cabe ao esquema permitir que o entendimento se aplique a esses fenômenos, emitindo juízos que servirão de princípio a todo conhecimento.

3. O entendimento reporta essa síntese das representações a conceitos e, desse modo, "ele nos proporciona pela primeira vez conhecimento no sentido próprio da palavra"[6]. O entendimento legisla e julga ao realizar a unidade da síntese, desde as categorias *a priori* que são constitutivas dessa unidade. As categorias são: 1. Da quantidade: unidade, pluralidade e totalidade; 2. Da qualidade: realidade, negação, limitação; 3. Da relação: inerência e subsistência, causalidade e dependência (causa e efeito) e comunidade (ação recíproca); 4. Da modalidade: possibilidade-impossibilidade, existência-não-existência, necessidade-contingência[7]. Além disso, as representações estão ligadas entre si numa mesma consciência, à qual pertencem. Trata-se do *eu penso* que acompanha as representações. Estas estão ligadas na unidade do *eu penso* ao mesmo tempo que o diverso que sintetizam seja referido a um objeto qualquer, como seu correlato.

4. A razão raciocina e simboliza. Ela forma Ideias transcendentais que "representam a totalidade das condições sob as quais se atribui uma categoria de relação aos objetos da experiência possível"[8], como as Ideias incondicionais de alma, mundo e Deus, constituindo "focos ideais fora da experiência para os quais convergem os conceitos do entendi-

---

6. Kant, *Crítica da razão pura*. B103.
7. Kant, *Crítica da razão pura*. B106 (tábua das categorias).
8. *A filosofia crítica de Kant*, p. 26.

mento"[9]. As Ideias superam a possibilidade da experiência, conferindo aos conceitos do entendimento um máximo de unidade e de extensão. Além disso, é a razão que postula uma harmonia, uma correspondência entre as Ideias da razão e a matéria dos fenômenos, como veremos adiante.

O conhecimento, enquanto interesse especulativo, depende que essas três faculdades ativas tenham "um máximo de unidade sistemática"[10], ou seja, que elas realizem um acordo entre si. A esse acordo *a priori* entre as faculdades que resulta no conhecimento se dá o nome de senso comum. Esse acordo tem como pressuposto uma boa natureza (bom senso) das faculdades que lhes permite entrar em harmonia, conciliarem-se, ainda que haja uma diferença de natureza entre elas.

Mas há uma dificuldade nesse acordo: como aplicar os conceitos puros às intuições empíricas, dada a heterogeneidade entre eles? Para resolver esse problema, Kant postula a existência de um terceiro termo, homogêneo tanto às categorias quanto aos fenômenos que ele chama de "esquema transcendental" e que é produto da imaginação. O esquema é, ao mesmo tempo, sensível e intelectual, o que permitiria a mediação entre os termos heterogêneos (de um lado as intuições empíricas, de outro os conceitos) de modo a que os fenômenos pudessem ser subsumidos às categorias do entendimento[11]. Deleuze objeta que a noção de esquema explicaria como a sensibilidade se harmoniza com o entendimento através da imaginação, desde que pudesse assegurar a harmonia do próprio esquema com o conceito do entendimento de que ele é exterior, o que não é explicado por Kant[12]. Em outras palavras, o esquematismo da imaginação faria a mediação entre a sensibilidade e o entendimento na medida em

---

9. *A filosofia crítica de Kant*, p. 27.

10. *A filosofia crítica de Kant*, p. 28.

11. Kant, *Crítica da razão pura*. A 137-147; B 176-187. Capítulo I: "Do esquematismo dos conceitos puros do entendimento" da "Analítica dos princípios".

12. *Diferença e repetição*, p. 306-307 [281-282].

que o esquematismo se aplica *a priori* às formas da sensibilidade, em conformidade com os conceitos do entendimento, realizando um suposto acordo entre essas duas faculdades. Mas isso apenas desloca o problema, já que não dá conta do acordo entre a imaginação e o entendimento, não há nada que realize a mediação entre elas. O esquematismo estabelece uma harmonia apenas exterior entre os dados da sensibilidade e os conceitos, em que os primeiros são apenas condicionados pelos segundos.[13]

Kant recusava e procurava ultrapassar a ideia de uma harmonia pré-estabelecida entre o sujeito e o objeto, mas parece reencontrar um acordo harmonioso entre as faculdades subjetivas por meio das quais o sujeito necessariamente submete os dados da experiência e que tem como resultado o senso comum. Nesse caso, o acordo entre as faculdades é determinado pelo entendimento como um fato *a priori*, e não se pode avançar para além dele, não se pode invocar uma gênese desse acordo determinado que resulta no senso comum. Esse é um problema que, segundo Deleuze, Kant não resolve na *Crítica da razão pura*, o problema da gênese do senso comum ou do fundamento para a harmonia das faculdades. Em outras palavras, Kant invoca um princípio metafísico, senão teológico, como garantia do acordo harmonioso entre as faculdades com vistas ao conhecimento, como afirma numa carta: "Se queremos ajuizar sobre a origem dessas faculdades, não podemos indicar outro fundamento que não seja o nosso divino criador"[14].

---

13. *Diferença e repetição*, p. 248 [224-225]. Sobre esse tema, indica-se Machado, *Deleuze e a filosofia*, p. 109-125 (Cap. "Gênese e intensidade").
14. Carta a Herz, 26 de maio de 1789, apud *A filosofia crítica de Kant*, p. 30.

As sínteses para o conhecimento e o decalque do transcendental sobre o empírico

A crítica de Deleuze ao modelo transcendental da recognição tem como um de seus aspectos principais o fato de *a recognição ser construída por Kant a partir de sínteses induzidas da apreensão empírica*, isto é, o transcendental é construído a partir do empírico, de modo que Deleuze vai acusá-lo de decalcar as estruturas ditas transcendentais sobre os atos empíricos de um sujeito reflexivo.

Na sequência se investigará o que significa a acusação deleuziana de que Kant teria concebido a subjetividade transcendental a partir de um decalque sobre os procedimentos empíricos de uma consciência psicológica e em que consiste esse psicologismo que, segundo Deleuze, compromete essa grande descoberta kantiana do "prodigioso domínio do transcendental". De que modo, afinal, Kant teria traído a sua própria descoberta?

Em *Diferença e repetição*, Deleuze afirma o seguinte:

> De todos os filósofos, Kant foi quem descobriu o prodigioso domínio do transcendental. Ele é o análogo de um grande explorador; não um outro mundo, mas montanha ou subterrâneo deste mundo. Entretanto, que fez ele? Na primeira edição da *Crítica da razão pura*, ele descreve em detalhes três sínteses que medem a contribuição respectiva das faculdades pensantes, culminando todas na terceira, a da recognição, que se exprime na forma do objeto qualquer como correlato do *Eu penso*, ao qual todas as faculdades se reportam. É claro, assim, que Kant decalca as estruturas ditas transcendentais sobre os atos empíricos de uma consciência psicológica [...]. É para ocultar um procedimento tão visível que Kant suprime este texto na segunda edição. Melhor ocultado, o método do decalque, todavia, não deixa de subsistir, com todo o seu "psicologismo".[15]

Façamos então esse trajeto proposto por Deleuze para melhor compreender essa objeção[16]. Para que um objeto possa ser pen-

---

15. *Diferença e repetição*, p. 197 [176-177].
16. Ele se refere à "Analítica dos conceitos", primeiro livro da "Analítica transcendental", primeira divisão da "Lógica transcendental". Trata-se da segunda seção do capítulo II, chamados ambos "Da dedução dos conceitos puros do entendimento" (Primeira edição de *Crítica da razão pura*).

sado por um conceito, diz Kant, é preciso que a forma lógica do conceito, aquilo que é produzido *a priori*, se reporte a esse objeto como parte do conjunto da experiência possível. Sem isso, o objeto não possuiria nenhum conteúdo, o que seria impossível e contraditório, já que ele não teria uma realidade objetiva. Os objetos só nos podem ser dados pelas intuições *a priori*, com a condição de que elas constituam o campo total da experiência possível. Os conceitos puros *a priori*, conquanto não possuam nada de empírico, têm de ser condições puras *a priori* de uma experiência possível. Os elementos dos conceitos *a priori* não podem ser extraídos da experiência, pois se o fossem não seriam obviamente *a priori*, porém eles devem conter sempre as condições puras *a priori* de uma experiência possível e de um objeto dessa experiência. Não fosse assim, nada poderia ser pensado a partir dos conceitos, "nem eles mesmos, sem *dados*, poderiam gerar-se no pensamento"[17]. Com isso, compreende-se a afirmação de Deleuze: "E se o objeto qualquer só existe como qualificado, a qualificação, inversamente, só opera supondo o objeto qualquer"[18]. Mas, antes de tudo, Kant afirma que se deve investigar quais são as três fontes subjetivas que constituem os fundamentos da possibilidade da experiência, não empiricamente, mas na sua natureza transcendental. Para isso, ele se propõe a investigar uma tripla síntese, necessária para todo conhecimento: (a) a síntese da apreensão (das representações como modificação do espírito na intuição), (b) a síntese da reprodução (dessas reproduções na imaginação) e (c) a síntese da recognição.

(**a**)   A síntese empírica da apreensão na intuição é descrita por Kant da seguinte maneira: as nossas representações são modificações do espírito e estão submetidas à condição formal do sentido interno, isto é, à condição formal do tempo. É em função do tempo como forma da intuição que os conhecimentos, enquanto

---

17. Kant, *Crítica da razão pura*, A 96.
18. *Diferença e repetição*, p. 195 [175].

representações, são ordenados e relacionados. O diverso é já a representação de uma unidade que o espírito distingue, em função do tempo (como forma pura da intuição), na série de impressões sucessivas. O que a intuição faz é compreender os elementos diversos num todo, o que só pode ser produzido a partir da intervenção de uma síntese: é essa operação que Kant chama de *síntese da apreensão*.

Descrita a operação dessa síntese da apreensão para as representações empíricas, Kant decide que ela deve também ser praticada *a priori*, isto é, para as representações que não são empíricas, como aquelas do tempo e do espaço, deduzindo assim uma síntese pura (transcendental) da apreensão. Ora, qual é a razão que oferece para isso? A razão é que as representações *a priori* do tempo e do espaço "apenas podem ser produzidas pela síntese do diverso que a sensibilidade fornece na sua receptividade originária"[19], de modo que sem a síntese da apreensão empírica não poderíamos ter *a priori* as representações do espaço e do tempo.

É exatamente a essa passagem que Deleuze se dirige quando afirma que "a síntese transcendental da apreensão é diretamente induzida de uma apreensão empírica"[20].

(**b**)   A síntese da reprodução na imaginação, segunda síntese necessária para todo conhecimento, é referida por Kant a partir do exemplo do cinábrio, já discutido no capítulo anterior: "Se o cinábrio fosse ora vermelho, ora preto, ora leve, ora pesado, [...] a minha imaginação empírica nunca teria a ocasião de receber no pensamento, com a representação da cor vermelha, o cinábrio pesado."[21]

Kant afirma que a lei empírica de reprodução das representações na imaginação supõe que os próprios fenômenos estejam "submetidos a uma regra desse gênero", sem o que a imaginação empírica seria uma faculdade morta, pois seria incapaz de dar conta da variabilidade da experiência: é preciso que o cinábrio se

19. Kant, *Crítica da razão pura*, A 100.
20. *Diferença e repetição*, p. 197 [177].
21. Kant, *Crítica da razão pura*, A 101.

apresente na experiência (enquanto fenômeno) como vermelho e pesado para que a imaginação receba a representação do cinábrio vermelho e pesado. Ou como poderíamos formar uma imagem do homem se o homem tivesse ora esta forma, com uma boca e dois olhos, ora aquela, com duas bocas e um olho! É necessário, portanto, que os fenômenos estejam submetidos por si mesmos a certas regras para que seja possível uma síntese empírica da reprodução na imaginação.

Em outras palavras, os fenômenos não são as próprias coisas, mas o "simples jogo das nossas representações", o que é o mesmo que dizer que os fenômenos obedecem a princípios *a priori*, anteriores à experiência, sobre os quais se funda a síntese da imaginação enquanto síntese transcendental pura desta imaginação, como fundamento da possibilidade de toda experiência, mas que, por sua vez, pressupõe necessariamente a reprodutibilidade dos fenômenos.

Existe uma circularidade no argumento de Kant. Pois, afirma-se uma síntese transcendental da imaginação que submete os fenômenos a seus princípios e que serve de fundamento a toda experiência possível, mas, para que essa síntese ocorra, esses mesmos fenômenos devem estar submetidos a regras uniformes e constantes sem o que "nossa imaginação empírica não teria nunca nada a fazer que fosse conforme à sua faculdade, permanecendo oculta no íntimo do espírito como uma faculdade morta e desconhecida para nós próprios"[22]. Daí não haver alternativa senão concordar com Deleuze que também a síntese transcendental da imaginação é diretamente induzida de uma lei empírica de reprodutibilidade dos fenômenos sem a qual a imaginação nada seria. Trata-se mais uma vez de um decalque do transcendental sobre o empírico.

(**c**)   A terceira síntese para o conhecimento é a síntese da recognição no conceito. O diverso, sucessivamente intuído pela síntese da apreensão na sensibilidade e depois reproduzido pela síntese da imaginação, para se tornar conhecimento precisa ser reunido

---

22. Kant, *Crítica da razão pura*, A 100.

numa unidade que é a unidade do conceito. Essa unidade, por sua vez, só pode ser alcançada pela consciência (eu penso). Sem a consciência não pode haver conceito. O que se conhece por meio do conceito é um objeto não como ele existe em si, mas na medida em que ele é uma representação intuída na sensibilidade e reproduzida na imaginação. O objeto que corresponde ao conceito não pode ser algo exterior às nossas faculdades, logo, deve ser apenas algo em geral, um objeto = x. E, acrescenta Kant, tudo o que constitui nosso conhecimento deve "concordar necessariamente entre si, isto é, possuir aquela unidade que constitui o conceito de um objeto"[23]. Ou seja, há uma unidade formal da consciência que constitui, necessariamente, a unidade do objeto enquanto conceito, realizando a síntese do diverso das representações. A unidade do sujeito do conhecimento é o correlato da unidade do conceito de um objeto em geral, ou melhor, a unidade do sujeito é possível na medida em que a intuição operou uma síntese do diverso, segundo os princípios *a priori* da reprodução necessária do diverso dos fenômenos, sendo possível um conceito em que esse diverso se unifique enquanto unidade sintética na consciência. Assim, a unidade da consciência precede todos os dados da intuição e toda a representação desses dados; ela precede toda a experiência e a torna possível enquanto condição transcendental. É a essa unidade que Kant chama de *apercepção transcendental*. E é ela que, enquanto unidade, serve de princípio *a priori* para todos os conceitos, encadeando todos os fenômenos possíveis segundo leis.

Ao mesmo tempo que liga sinteticamente o diverso num conceito, essa subjetividade transcendental toma consciência da identidade da função que exerce. Em outras palavras, a consciência da identidade de si mesmo (*eu penso*) é, simultaneamente, consciência de uma unidade de síntese dos fenômenos segundo conceitos (*eu empírico*).

Assim, Kant pode afirmar:

---

23. Kant, *Crítica da razão pura*, A 105.

O *eu penso* deve *poder* acompanhar todas as minhas representações; se assim não fosse, algo se representaria em mim, que não poderia, de modo algum, ser pensado, que o mesmo é dizer que a representação ou seria impossível ou pelo menos nada seria para mim. A representação que pode ser dada antes de qualquer pensamento se chama *intuição*. Portanto, todo o diverso da intuição possui uma relação necessária ao *eu penso*, no mesmo sujeito em que esse diverso se encontra.[24]

A síntese da recognição pressupõe as duas anteriores que estão desdobradas em seu interior: a unidade transcendental da apercepção (entendimento) tem na síntese transcendental da imaginação uma condição *a priori* da possibilidade de toda a ligação das representações que, por sua vez, se reporta a todos os objetos dos sentidos tal como eles se reportam à intuição, isto é, à síntese da apreensão. A essas três fontes subjetivas do conhecimento estão sujeitos todos os fenômenos, como dados de uma experiência possível.

Deleuze faz notar que toda essa demonstração presente na primeira edição da *Crítica da razão pura* é simplesmente suprimida na segunda edição. O que ela mostrava, como vimos, é que as três sínteses que operam conjuntamente na dedução transcendental dos conceitos puros do entendimento pressupõem o decalque das estruturas transcendentais sobre os procedimentos empíricos de uma consciência psicológica, isto é, sobre uma síntese empírica da apreensão do diverso pela sensibilidade e sobre uma síntese empírica da imaginação que supõe que os próprios fenômenos estejam submetidos por si próprios a regras constantes de reprodução. "Melhor ocultado, diz Deleuze, o método do decalque, todavia, não deixa de subsistir..."[25]

Em suma, segundo a leitura deleuziana, o que vemos nessas três sínteses que medem a contribuição de cada uma das faculdades é Kant, primeiro, induzindo as representações *a priori* do tempo e do espaço da própria síntese empírica fornecida pela sensibilidade no seu contato originário com o diverso da experiência.

---

24. Kant, *Crítica da razão pura*, B 132 e ss.
25. *Diferença e repetição*, p. 197 [177].

Segundo, afirmando uma síntese transcendental da reprodução das representações na imaginação que submete os fenômenos a regras constantes que, por sua vez, para que ocorram, pressupõe-se que esses fenômenos devem estar submetidos às mesmas regras ou leis empíricas de reprodutibilidade dos fenômenos, de onde é induzida a síntese transcendental. Por fim, para se tornar conhecimento, o diverso empírico deve ser reunido numa unidade que é a unidade do conceito; o conceito é uma representação do objeto que foi intuída na sensibilidade e reproduzida na imaginação ou, em outras palavras, a unidade do conceito só pode ser alcançada pela consciência na medida em que esta realiza a síntese do diverso e o conceito é, portanto, interior à nossa consciência; não existe conceito sem consciência, mas a consciência, por sua vez, só é possível em função da colaboração das faculdades na realização das três sínteses do conhecimento, visto que a consciência de si enquanto identidade (*eu penso*) serve de princípio *a priori* para a síntese dos fenômenos (*eu empírico*), mas simultaneamente o *eu penso* é consciência de uma unidade conceitual produzida por essa síntese, isto é, tal conceito depende da síntese empírica efetivada pela sensibilidade e das leis empíricas de reprodutibilidade dos fenômenos sem as quais a imaginação nada seria.

Para finalizar esse tópico, vale acrescentar que essa crítica de Deleuze repercute em *As palavras e as coisas*[26]. Nesse livro, Foucault corrobora essa crítica, quando aponta para a figura paradoxal do que designa como o duplo empírico-transcendental. Foucault afirma: "os conteúdos empíricos do conhecimento liberam, mas a partir de si, as condições que os tornam possíveis"[27], ou seja, é partindo dos conteúdos empíricos, que são dados ao sujeito que conhece, que é possível para o homem em sua finitude trazer à luz as condições transcendentais de tal conhecimento, descobrindo, assim, que há "uma *natureza* do conhecimento humano que lhe determina as formas e que pode, ao mesmo tempo,

---

26. Foucault, *As palavras e as coisas*, p. 417-446.
27. Foucault, *As palavras e as coisas*, p. 444.

ser-lhe manifestada nos seus próprios conteúdos empíricos"[28]. Desse modo, o discurso moderno que se anuncia como uma analítica da finitude, afirma Foucault, não pôde constituir-se senão fazendo valer o empírico ao nível do transcendental.

O acordo contingente entre a Natureza e a Razão

Sabemos que, de acordo com doutrina das faculdades em Kant, é o entendimento, não a imaginação, quem legisla quando se trata do conhecimento, pois os fenômenos estão submetidos à unidade transcendental da consciência e às categorias. As leis a que o entendimento submete os fenômenos não dizem respeito à sua matéria, mas sim à sua forma, não incidem sobre a matéria da experiência real, mas sobre a forma da experiência possível: se somos os legisladores da Natureza, é porque "os fenômenos 'formam' uma *Natureza sensível* em geral"[29]. A despeito do "pendor natural da razão" para transpor as fronteiras da experiência possível, o conhecimento verdadeiro é a concordância dos conceitos do entendimento com os objetos da experiência possível, em outras palavras, o entendimento somente pode legislar sobre os fenômenos, isto é, do ponto de vista da forma em geral do objeto qualquer tal como é produzida por suas categorias *a priori*.

Além disso, o entendimento se ocupa da lei lógica das espécies e da lei lógica dos gêneros que consistem no seguinte: dada a diversidade dos fenômenos, ele busca determinar nas coisas diferentes o que elas têm em comum (determinação dos gêneros) e entre as coisas semelhantes, o que elas possuem de diferente (determinação das espécies). Por exemplo, diferentes animais, como a égua, a fêmea morcego e a baleia, têm em comum a amamentação dos filhotes, pertencendo ao gênero dos mamíferos; enquanto que existem perto de 2.930 espécies distintas de serpentes, a despeito

---

28. Foucault, *As palavras e as coisas*, p. 440.
29. *A filosofia crítica de Kant*, p. 25.

de sua semelhança morfológica e de comportamento. Em outras palavras, o entendimento se ocupa dos conceitos gerais a partir dos quais se pode subsumir a diversidade a gêneros e a espécies.

Ora, é plausível, segundo uma objeção levantada por Kant, no "Apêndice à dialética transcendental", que pudesse haver tamanha diversidade na matéria dos seres da natureza de modo que o entendimento humano não pudesse se exercer, que fosse destituído de seus poderes.

> Se houvesse tal diversidade entre os fenômenos que se nos apresentam, não direi quanto à forma (pois aí podem assemelhar-se), mas quanto ao conteúdo, isto é, quanto à diversidade dos seres existentes, que nem o mais penetrante entendimento humano pudesse encontrar a menor semelhança, [...] a lei lógica dos gêneros não se verificaria, nem sequer um conceito de gênero ou qualquer conceito geral; consequentemente, nenhum entendimento, pois que este só desses conceitos se ocupa.[30]

A subjetividade transcendental não fornece qualquer garantia de regularidade e unidade à matéria ou conteúdo dos fenômenos, mas apenas à sua forma. Por isso, Kant necessitará postular uma harmonia entre a matéria dos fenômenos e as Ideias da razão, o que significa que *a razão não legisla sobre a diversidade dos seres existentes, mas deve supor uma unidade sistemática da Natureza em analogia com a unidade sistemática das Ideias*. Lembramos que a razão tem o papel de formar as Ideias transcendentais que representam a totalidade das condições sob as quais as categorias se aplicam aos objetos da experiência possível, fornecendo aos conceitos o máximo de unidade e o máximo de extensão. Analogamente, a razão vai sempre supor uma "unidade sistemática" para a qual tende invariavelmente a diversidade da matéria e, por isso, espera-se que essa unidade racional seja inerente aos próprios objetos enquanto um princípio transcendental. Não existe uma submissão necessária e determinada, mas uma correspondência entre a matéria que se insinua sob a forma dos fenômenos e as Ideias da razão. Ou, nas palavras de Deleuze, há um *acordo*

---

30. Kant, *Crítica da razão pura*, A 654; B 682.

indeterminado da matéria em relação aos princípios racionais. Esse acordo faz com que a razão, em sua suposição reiterada da unidade sistemática se impondo sobre a diversidade da matéria, postule a própria natureza das coisas atuando no sentido de garantir a regularidade dos seres que se apresentam[31].

Em outras palavras, a razão, no interesse especulativo, forma Ideias que, do ponto de vista do conhecimento, não têm um objeto determinado, mas um sentido regulador que dá aos conceitos do entendimento uma unidade sistemática. Analogamente, conferindo unidade sistemática aos conceitos, as Ideias necessariamente fornecem uma unidade semelhante à matéria da experiência em sua particularidade, que é admitida como inerente à diversidade dos seres. Num caso, como no outro, por analogia, a diversidade tende à unidade, o que fornece à natureza a regularidade e unidade sistemática sem as quais o conhecimento, com sua lei lógica dos gêneros e das espécies, não encontraria ocasião de efetivar-se. Essa unidade sistemática, por sua vez, só pode ser concebida segundo o conceito de *fim natural*, ou seja, a unidade é um fim necessário para o qual tende a diversidade das leis empíricas particulares.

Assim, há um duplo movimento em torno do conceito de finalidade da natureza. Por um lado, ele é determinável por analogia com os objetos da experiência; por outro, no conceito de fim natural, todas as faculdades se harmonizam e entram em livre acordo, produzindo um juízo teleológico que se aplica às leis empíricas da natureza[32]. Isso significa que o acordo livre das faculdades decorre de outro acordo, contingente, entre a natureza e as faculdades. Em outras palavras, o entendimento deixa de ser legislador para que a razão, a imaginação e ele próprio possam produzir, em acordo, um juízo teleológico a respeito da matéria da experiência real, sem que esse acordo deixe de fazer parte do interesse especulativo. Afirma Deleuze: "'sob' a relação das facul-

---

31. *A filosofia crítica de Kant*, p. 27-28.
32. *A filosofia crítica de Kant*, p. 69.

dades tal como ela é determinada pelo entendimento legislador, descobrimos uma livre harmonia de todas as faculdades entre si, donde o conhecimento extrai uma via própria"[33].

Portanto, Kant reencontra no juízo teleológico noções que a filosofia crítica visava ultrapassar, quais sejam, o acordo contingente entre as faculdades e a natureza, baseado na analogia entre a unidade sistemática das Ideias da razão e a regularidade da natureza, orientadas, ambas, para a realização de uma finalidade suprassensível. A matéria da experiência real, escapando dos ditames do entendimento, que somente legisla sobre os objetos da experiência possível, se vê presa do juízo teleológico, que a obriga à regularidade e à unidade. Reintroduz-se, assim, a transcendência no âmago da crítica imanente da razão.

* * *

Com isso, acredita-se ter apontado o cerne da crítica deleuziana à filosofia especulativa de Kant, apontando para suas inconsistências e seus limites. Elenquemos as linhas gerais dessa crítica:

1. Após a descoberta do "prodigioso domínio do transcendental", Kant teria traído sua própria descoberta ao decalcar o transcendental sobre os procedimentos empíricos de uma consciência psicológica: uma síntese empírica da apreensão da diversidade da experiência, uma lei empírica da reprodutibilidade dos fenômenos como pressuposto para a síntese transcendental da imaginação e uma unidade da consciência como síntese da recognição que pressupõe esses dois procedimentos empíricos para se realizar.

2. Kant pressupõe um acordo harmonioso entre a imaginação, o entendimento e a razão para que se realize o conhecimento, reintroduzindo no âmago da filosofia crítica um princípio metafísico, já que esse acordo é posto como um

33. *A filosofia crítica de Kant*, p. 72.

fato *a priori*, e em nenhum momento é fornecida a gênese desse acordo, isto é, não se demonstra como a diversidade da intuição se concilia com o conceito do entendimento se elas são faculdades heterogêneas.

3. Por fim, Kant postula um acordo indeterminado entre a Natureza e a Razão, entre a matéria dos fenômenos e os princípios da razão, na medida em que a razão deve supor uma unidade sistemática da Natureza em analogia com a unidade sistemática das Ideias. A unidade sistemática da Natureza, por sua vez, só pode ser concebida segundo o conceito de *fim natural*, que depende de um livre acordo entre todas as faculdades, em que o entendimento deixa de ser legislador para que a razão, a imaginação e ele próprio possam produzir, em acordo, um juízo teleológico a respeito da matéria da experiência real.

Deleuze vê desabar o modelo especulativo construído por Kant e, com isso, a subjetividade transcendental que lhe é intrínseca. Pois, como sabemos, Kant recusava o princípio de uma harmonia pré-estabelecida entre o sujeito e o objeto do conhecimento, ao demonstrar que o entendimento submete a experiência a leis imanentes, nos tornando legisladores da Natureza, na medida em que suas leis *a priori* incidem sobre a forma da experiência possível, sobre a forma em geral do objeto qualquer. Mas, se o sujeito submete os dados da experiência às suas regras, ele somente o faz sob a condição de que as faculdades subjetivas sejam solidárias umas às outras, que elas realizem um acordo entre si de modo a produzir um senso comum, em que o objeto visado seja fruto de um reconhecimento, em que esteja pressuposta também uma boa natureza de cada faculdade. Tal é o princípio de uma concordância harmoniosa entre as faculdades, segundo o qual as faculdades visariam o objeto suposto como o Mesmo, refletindo, por sua vez, a unidade ou a identidade do sujeito pensante. Em outras palavras, esse acordo harmonioso, bem como a boa natureza de cada faculdade para realizar sua parte nesse acordo, são pressupostos por Kant como necessários em vistas do fim que procuram realizar, que é o reconhecimento do objeto. Desse modo, ao postular um finalismo agindo em proveito do conhecimento verdadeiro, reintroduz-se a metafísica no âmago do transcendental. Por isso, Kant teria sido incapaz de subverter a imagem dogmática do pensamento e teria comprometido a sua grande descoberta, a descoberta do "prodigioso domínio do transcendental".

Se o capítulo anterior já contrapunha a essa concepção de subjetividade um sujeito processual e prático, vislumbrado por Deleuze desde sua interpretação da filosofia de Hume, em que o espírito se ultrapassa a si mesmo a partir de suas crenças e de seus fins, inseparáveis dos hábitos e das circunstâncias afetivas produzidas por seu contato com o dado, esse distanciamento ficará ainda mais evidente nos capítulos subsequentes, quando se tratará de mostrar como uma subjetividade se constitui a partir das singularidades produzidas pelos encontros intensivos e diferenciais que se apresentam no mundo.

Concebida a partir do modelo da recognição, portanto, a filosofia especulativa kantiana se caracterizaria por sua impotência para pensar a diferença em si mesma e para pensar a repetição para si mesma. Evidentemente, essa impotência, longe de ser uma exclusividade, é comum a todo o mundo da representação, a todas as filosofias da representação, numa longa tradição que remete ao platonismo, a Aristóteles, ao racionalismo e ao hegelianismo. Toda filosofia da representação dispensa a diferença dos domínios do que pode ser intuído da experiência. Antes, interessa a ela a forma lógica dos conceitos, de modo que dos diferentes objetos, possamos representar-lhes as semelhanças percebidas, as predicações opostas, as analogias determináveis e, por fim, sua identidade conceitual. A representação opera sempre por generalidades e abstrações.

Para uma filosofia da imanência, como a deleuziana, por sua vez, cabe o desafio de mostrar como se produz um sujeito da própria tessitura do real, em que a sensibilidade, a memória e o pensamento se constituem nesse encontro com o dado. Deleuze não fará qualquer concessão à transcendência de um finalismo agindo no acordo entre a Natureza e os princípios da natureza humana (Hume) ou entre a Natureza e as faculdades do conhecimento (Kant). Ele dará relevância justamente a essa matéria informe, esse fundo inapreensível para a filosofia kantiana, como produtora de uma nova sensibilidade e, por conseguinte, como gênese da faculdade de pensar. Deleuze denuncia a representação justamente por sua incapacidade de apreender esse fundo que se compõe de "estados livres ou selvagens da diferença em si mesma". E esse é o projeto a ser referido na sequência.

Capítulo 4

Teoria diferencial da subjetividade: sensibilidade e memória

O signo intensivo: o que força o pensamento a sair do torpor da recognição

Deleuze encontra em Platão, numa passagem da *República*, à qual se podem juntar um trecho do *Fédon* (101a e ss.) e um do *Teeteto* (154c), uma inequívoca valorização do dado sensível na medida em que este exige algo além da mera recognição para ser apreendido. Trata-se de coisas que forçam a pensar – ou como Platão o diz explicitamente: "Certos objetos convidam a alma à reflexão e outros não a convidam de modo algum, distinguindo como próprios para este convite os que ensejam simultaneamente duas sensações contrárias"[1]. Os exemplos dados por Platão podem parecer pueris, mas não importa o quanto eles possam ser banais desde que cumpram esse requisito que é o que faz com que a sensibilidade desperte a inteligência. Isso não acontece quando se trata da mera recognição: Sócrates mostra três dedos da mão a seu interlocutor, o polegar o indicador e o médio. A visão reconhece com naturalidade que um dedo é um dedo, de modo que essa sensação não desperta o entendimento. Mas quando a visão se depara com a grandeza ou a pequeneza dos três dedos que vê, é obrigada a despertar a reflexão para dizer afinal se o dedo indicador é grande ou pequeno, porque isso depende da relação em que ele está inserido, seja com o polegar, seja com o dedo médio. É grande em relação ao polegar e pequeno em relação ao médio. Assim, também, um mesmo livro pode ser sentido como leve e como pesado,

---

1. Platão, *República*, 524d.

se apenas o levanto para transportar ou se, no caminho, me detenho para lê-lo segurando-o diante de meus olhos durante algum tempo. Poderíamos trazer também o exemplo de *Alice no país das maravilhas* que ao beber o líquido da garrafa torna-se maior do que era e não pode se tornar maior sem que ao mesmo tempo se torne menor antes do que se tornou depois de beber o líquido. Alice entra num devir em que se torna maior e menor simultaneamente[2]. Nesse sentido, Deleuze concluirá que "inseparável de um devir ou de uma relação [...], é a coexistência dos contrários, a coexistência do mais e do menos num devir qualitativo ilimitado, que constitui o signo ou o ponto de partida daquilo que força a pensar"[3].

No modelo da recognição, como abordado no capítulo precedente, ocorre o exercício empírico da sensibilidade, no qual o sensível nunca é visado apenas pela sensibilidade, mas ocupa todas as nossas faculdades, exigindo que o objeto sentido seja igualmente visado pelas outras faculdades, que ele seja imaginado, lembrado, concebido sob a forma do Mesmo. Acontece que o reconhecimento do objeto nada tem a ver com pensar, já que, após esse exercício de remissão recíproca entre as faculdades, ele não faz mais que dar o assentimento ao objeto como já conhecido, já presente no espírito. Isso talvez explique o sucesso de certos livros que tomam como base os valores e as ideias correntes para daí tirar algumas lições na forma de como se sair bem nesse mundo assim constituído, reforçando ainda mais aquilo que *já se pensa*, de maneira que o leitor se sinta à vontade para dizer: "Ah, é assim mesmo que as coisas são, é a isso que eu tenho de me adequar se quiser ser bem-sucedido". Ou então talvez explique o sucesso de certas formas estereotipadas de narrativa, por exemplo em romances, em filmes ou em novelas de TV cuja linguagem apenas reitera as significações já conhecidas e as fór-

---

2. A esse devir simultâneo de Alice, em *Lógica do sentido*, Deleuze chama de acontecimento. *Logique de sens*, p. 9.

3. *Diferença e repetição*, p. 205 [184].

mulas as mais familiares ao público que desejam atingir e agradar, tornando tudo o mais palatável possível, para que o público *reconheça* a narrativa e *se reconheça* a partir dela.

Mas será então que basta não reconhecer para se pôr a pensar, como quando "as coisas aparecem de longe", como diz o interlocutor de Sócrates? Estar em dúvida significa sair do modelo da recognição? Deleuze apressa-se em responder não, evidente que não. Porque a única coisa que as coisas duvidosas exigem é a boa vontade do pensador e a boa natureza do pensamento de maneira a distingui-las das certezas. O duvidoso não faz sair do ponto de vista da recognição; o máximo que faz é inspirar um método que permita evitar as incertezas e os enganos dos sentidos. Sempre quando se pressupõe tudo o que está em questão, não se é capaz de fazer nascer "o ato de pensar no pensamento". Para que isso ocorra, para que o pensamento saia de seu "estupor natural", é necessária uma violência original feita ao pensamento, uma estranheza, uma inimizade, a garra de uma necessidade absoluta:

> [...] tanto só há pensamento involuntário, suscitado, coagido no pensamento, tanto mais absolutamente necessário que ele nasça, por arrombamento, do fortuito no mundo. O que é primeiro no pensamento é o arrombamento, a violência, é o inimigo, e nada supõe a filosofia; tudo parte de uma misossofia. Não contemos com o pensamento para assentar a necessidade relativa do que ele pensa; contemos, ao contrário, com a contingência de um encontro com aquilo que força a pensar, a fim de realçar e erigir a necessidade absoluta de um ato de pensar, de uma paixão de pensar. As condições de uma verdadeira crítica e de uma verdadeira criação são as mesmas: destruição da imagem de um pensamento que pressupõe a si próprio, gênese do ato de pensar no próprio pensamento.[4]

Nesse exato contexto, essa coisa que é objeto de um encontro e que força a pensar, Deleuze a chama de signo, sendo que, já em *Proust e os signos*, afirmava que: "às verdades da filosofia faltam a necessidade e a marca da necessidade. De fato, a verdade não se dá, se trai; não se comunica, se interpreta; não é voluntária, é

---

4. *Diferença e repetição*, p. 202-203 [181-182].

involuntária"[5]. E acrescentava que é desde a involuntariedade de um encontro com um *signo* que o pensamento sai de seu torpor, que é necessário que algo violente o pensamento para que ele se efetive, para que ele se ponha a interpretar, isto é, explicar, desenvolver, decifrar, traduzir o signo.

Pergunta-se se, entendido como verdade involuntária e necessária, esse signo que faz com que o pensamento saia de seu estado de latência não seria uma maneira de remeter o pensamento ao seu fora ou à sua diferença.

A sensibilidade transcendental e a diferença intensiva

Retomando o conceito de signo em *Diferença e repetição*, Deleuze afirmava que ele, além de objeto de um encontro fundamental que força a pensar, somente faz pensar porque de início "faz nascer a sensibilidade no sentido"[6]. Não se trata de um ser sensível, uma qualidade sensível, mas sim do ser *do* sensível; não se trata daquilo que é dado na experiência, mas aquilo pelo qual o dado é dado. O signo não pode ser apreendido empiricamente pela sensibilidade, o que significa que ele é, de certa maneira, algo que não pode ser sentido (*insensível*). De fato, o signo é paradoxalmente o que não pode ser sentido, do ponto de vista empírico, mas que deve se apresentar para a sensibilidade como aquilo que somente pode ser sentido, exigindo dela o que Deleuze chama de um exercício transcendente da sensibilidade, em que ela se coloca diante de seu limite próprio. O exercício transcendente da sensibilidade, contraposto ao exercício empírico, se dirige ao sensível como um *signo*, isto é, como algo que somente a ela cabe apreender, fazendo "nascer a sensibilidade no sentido".

De que se trata, afinal, esse exercício transcendente da sensibilidade que recusa os dados da experiência em favor de algo

---

5. *Proust e os signos*, p. 89.
6. *Diferença e repetição*, p. 203 [182].

que, inapreensível para os sentidos, opera como uma espécie de fundamento dessa experiência? O que, afinal, Deleuze quer dizer quando afirma que a sensibilidade:

> se encontra diante de um limite próprio – o signo – e se eleva a um exercício transcendente – a enésima potência. O senso comum já não está aí para limitar a contribuição específica da sensibilidade às condições de um trabalho conjunto; ela entra então num jogo discordante, seus órgãos se tornam metafísicos.[7]

A sensibilidade entra num jogo discordante e seus órgãos, os órgãos dos sentidos, se tornam metafísicos... Não é uma ideia fácil, e é sem dúvida inquietante a presença da palavra metafísica como qualificativo dos órgãos sensíveis. Talvez se possa compreender isso não apenas à luz da definição empírico transcendental de diferença, mas a partir das outras pistas deixadas pelo texto em torno da teoria diferencial da subjetividade em *Diferença e repetição*.

Primeiro, o signo é o limite próprio da sensibilidade. Sabemos que não se trata de algo reconhecível, a que naturalmente se possa dar assentimento. Sabemos que não se trata de algo que possua qualidades empíricas. Sabemos também que o signo é o objeto de um encontro. O encontro é aquilo que força a sensibilidade a sentir o signo. Assim, se a sensibilidade se vê diante de seu próprio limite, é porque esse encontro provoca não o reconhecimento, mas "tonalidades afetivas diversas, admiração, amor, ódio, dor"[8], sob as quais o signo é "sentido". O signo (ser do sensível), continua Deleuze, "comove a alma, torna-a 'perplexa'"[9], o que significa que é portador de um problema, que suscita um problema à "alma".

Assim, no encontro com o signo, a sensibilidade sai de seu eixo, deixa de convergir para o reconhecimento, é afetada por algo que se põe como um problema a ser desdobrado que faz com que atinja sua máxima potência, que enfrente seu limite pró-

---

7. *Diferença e repetição*, p. 203-204 [182].
8. *Diferença e repetição*, p. 204 [182]
9. *Diferença e repetição*, p. 204 [182].

prio. É nesse movimento que a sensibilidade enquanto faculdade transcendental é engendrada, nascendo para o mundo a partir do encontro fortuito e contingente com o signo.

Desse modo, afirmar que uma faculdade tem um exercício transcendente significa que ela possui uma forma propriamente transcendental, e não que ela pudesse se dirigir a algo fora do mundo, como diz explicitamente Deleuze: "Transcendente de modo algum significa que a faculdade se dirija a objetos situados fora do mundo, mas, ao contrário, que ela apreende no mundo o que a concerne exclusivamente e que a faz nascer para o mundo"[10]. Que haja uma sensibilidade transcendental significa que ela apreende no mundo o signo como aquilo que não diz respeito a nenhuma outra faculdade, tampouco ao senso comum como princípio de colaboração das faculdades. Significa também que o signo é o que a faz nascer para o mundo desde uma violência que lhe atinge, forçando a sensibilidade a exercer-se e a apreender um objeto que só ela tem o poder de apreender.

Finalmente, mais adiante, Deleuze define o signo como "os estados livres ou selvagens da diferença em si mesma"[11] ou a intensidade como pura diferença ou diferença intensiva. A sensibilidade como faculdade empírica só percebe a diferença intensiva já recoberta por qualidades, já desdobrada no extenso. A diferença é, portanto, insensível para o exercício empírico. No entanto, a sensibilidade transcendental se engendra no instante em que apreende imediatamente a diferença intensiva ao sofrer dela a violência de um encontro. "É verdade que, no caminho que leva ao que há para ser pensado, tudo parte da sensibilidade"[12], afirma Deleuze (e por isso a insistência aqui na compreensão da sensibilidade como faculdade transcendental). Para que haja o pensamento, como vimos, é necessário partir não da *philia* pelo saber

10. *Diferença e repetição*, p. 207 [186].
11. *Diferença e repetição*, p. 209 [187].
12. *Diferença e repetição*, p. 210 [188].

(a boa vontade do pensador), mas da violência de um encontro com aquilo que força a pensar: uma estranheza, uma inimizade, o irreconhecível, o involuntário, o que suscita um problema.

Em suma, Deleuze procura se acercar da noção de sensibilidade desde uma recusa do modelo da recognição que compreende a sensibilidade a partir de seu exercício empírico, em colaboração com as demais faculdades, resultando no reconhecimento do objeto sob a forma do Mesmo. Antes, trata-se de apreender a sensibilidade em sua forma transcendental, isto é, em sua gênese, o que se dá segundo quatro aspectos:

1. A sensibilidade transcendental apreende aquilo que lhe concerne exclusivamente, sem qualquer interferência ou participação de outra faculdade;

2. Ela somente pode nascer a partir da violência de um *encontro* contingente com um signo, que faz com que a sensibilidade empírica saia de seu eixo, forçando a sensibilidade a exercer-se de outro jeito, fazendo com que o que é sentido pelos órgãos dos sentidos se torne propriamente sensível, isto é, sensível de um ponto de vista transcendental;

3. Esse encontro coloca a sensibilidade diante de seu limite, o que a obriga a enfrentá-lo, fazendo uso da sua mais alta potência; a sensibilidade transcendental se constitui quando essa potência é levada até o seu limite e o ultrapassa;

4. O objeto desse encontro não é um objeto exterior que possui matéria, forma e qualidades empíricas, não é um ser sensível, mas aquilo pelo que os seres sensíveis são dados, isto é, os estados livres da diferença em contato com a diferença, produzindo inevitavelmente novas intensidades como pura diferença ou diferença intensiva;

Assim, o que se encontra e o que produz em nós a sensibilidade transcendental é a diferença, e por isso ela não pode ser objeto de um reconhecimento amoroso, já que é da ordem do estranho, do arrebatador, do involuntário; ela nos afeta sem, contudo, constituir qualquer interioridade, embora não esteja propriamente na exterioridade. A sensibilidade transcendental se produz conforme a diferença intensiva se envolve na superfície de contato entre os corpos, nessa zona de vizinhança entre nós e o mundo.

Um texto de Deleuze sobre a teoria dos afetos (ou signos) em Espinosa mostra como os signos devem ser compreendidos enquanto variações de potência e misturas de corpos que, por sua vez, são conjugações de potência retidas momentaneamente na matéria:

> Os signos *não têm por referente direto objetos*. São estados de corpo (afecções) e variações de potência (afectos) que remetem uns aos outros. Os signos remetem aos signos. Têm por referente misturas confusas de corpos e variações obscuras de potência, segundo uma ordem que é a do Acaso ou do encontro fortuito entre os corpos. Os signos são efeitos: efeito de um corpo sobre outro no espaço, ou afecção; efeito de uma afecção sobre uma duração, ou um afecto. [...] Os efeitos ou signos são *sombras* que se movem na superfície dos corpos, sempre entre dois corpos. A sombra está sempre na borda. É sempre um corpo que faz sombra a outro corpo.[13]

Entendidos como variações de potência intensiva atual ou virtual, os corpos se encontram inevitavelmente entre si. Esses encontros produzem novas variações intensivas nas fronteiras entre os corpos, podendo chegar a dissolver essas linhas limítrofes e exprimir uma nova potência. É o caso de um grito que ressoa na madrugada: aquele que o escuta e que acorda numa assustada agitação, como vive a experiência do grito que ouve? Muito antes de poder ser apreendido como algo exterior, o grito já fez ressoar no seu corpo a intensidade afetiva da angústia ou do medo. O mesmo para a voz que sussurra delícias ao ouvido do/a amante e o/a atravessa de desejo: o desejo se instala na fronteira entre os dois corpos e os transforma num único ser desejante. A carícia que sentimos da água do mar, num dia quente, quando nele mer-

---

13. Spinoza e as três "Éticas". *Crítica e clínica*, p. 158-159.

gulhamos está em nós ou para além de nós, no mundo onde nos envolvemos? Um grito, um sussurro, o mar que envolve o corpo... São todos exemplos que mostram como a sensibilidade, levada ao seu limite, já não pertence a um sujeito empírico, justamente porque ela desorganiza o corpo que não é mais o agente da percepção sensível, mas uma variação intensiva de potência em contato com outras tantas variações intensivas que se conjugam nessa zona de vizinhança, onde muitas vezes se tornam indiscerníveis.

Assim, no que diz respeito à relação entre o corpo e o mundo, a fronteira que separa o dentro e o fora tende à dissolução. O corpo sofre a ação de potências que se entrecruzam com as dele, ao mesmo tempo em que age sobre o mundo. Os signos dizem respeito a essa zona de indiscernibilidade, povoada por potências intensivas em perpétua variação. A repercussão que esse encontro pode produzir em nós é o que constitui uma sensibilidade propriamente transcendental. Dela, tudo o mais deriva. Como veremos, essas potências intensivas repercutirão na imaginação, na memória, no pensamento, cavando passo a passo uma subjetividade diferencial ao mesmo tempo em que reverberam no silêncio deixado pela dissolução do sujeito.

Vale ainda acrescentar que, em *Lógica da sensação*, livro de Deleuze a partir da pintura de Francis Bacon, reencontra-se o tema da sensibilidade sob essa mesma perspectiva da dissolução da fronteira, ocupada pela sensação como o que é sujeito e objeto simultaneamente. No capítulo 6, buscando definir o conceito de Figura, para além da simples figuração, Deleuze afirma que a Figura é "a forma sensível dirigida à sensação", que age imediatamente sobre o sistema nervoso. Acrescenta que a sensação tem uma face voltada para o sujeito e uma face voltada para o objeto (o fato, o lugar, o acontecimento). Ou melhor, Deleuze se corrige, ela não tem faces, ela é as duas coisas indissoluvelmente: ao mesmo tempo, eu venho a ser (*je deviens*) na sensação e alguma coisa chega pela sensação, um pelo outro, um no outro[14]).

14. *Francis Bacon – Logique de la sensation*, p. 39.

Eis o trecho que se segue a essa definição, referida à pintura de Cézanne:

> É o mesmo corpo que dá e que recebe a sensação, que é ao mesmo tempo sujeito e objeto. Eu espectador, apenas experimento a sensação ao entrar no quadro, acedendo à unidade do sentiente e do sentido. A lição de Cézanne para além dos impressionistas: a Sensação não está no jogo "livre" ou desencarnado da luz e da cor (impressões), ao contrário, ela está no corpo, ainda que no corpo de uma maçã. A cor está no corpo, a sensação está no corpo, e não no ar. A sensação é aquilo que é pintado. O que está pintado no quadro é o corpo, não enquanto ele está representado como objeto, mas enquanto ele é vivido como experimentando tal sensação.[15]

Apesar de toda a distância entre Cézanne e Bacon, Deleuze os aproxima segundo esse traço distintivo em ambos: os dois *pintaram a sensação*. Muito diferente é o caso da figuração em pintura, em que a forma é dirigida a um objeto que ela supunha representar, uma história que ela supunha poder contar. A Figura, por sua vez, é a forma dirigida à sensação, o corpo (entendido aqui como o objeto externo) tal como ele experimenta uma sensação, que se transmite diretamente ao espectador do quadro. Ambos compõem uma unidade em que aquele que sente não está fora do quadro, mas se compõe com ele.

O encadeamento divergente entre as faculdades

Como se pôde ver, Deleuze define o conceito de signo a partir do conceito de diferença em seu estado livre e selvagem, ou seja, a diferença enquanto variações de potências múltiplas imanentes e subterrâneas ao mundo das determinações empíricas. Pois, ao relacionar-se a diferença com outras diferenças é que se produzem novas potências intensivas diferenciais, num processo incessante, sem finalidade, no qual chegam a se destacar desse fundo, sem deixar de pertencer a ele, para tão logo serem reabsorvidas nesse turbilhão de forças. Todo sujeito e todo objeto constituído

15. *Francis Bacon – Logique de la sensation*, p. 40.

no mundo, qualificado e individualizado no mundo, é a expressão do modo como essas diferenças intensivas chegam inicialmente a individuar-se. Sob todas as formas e as matérias, circulam e se comunicam essas singularidades nômades, pré-subjetivas e pré-objetivas, igualmente capazes de constituir quanto de dissolver os indivíduos, as matérias e as formas. Esse universo assim constituído, onde as diferenças se distribuem e se desdobram em infinitas conexões e produzem infinitas diferenças intensivas, se chama plano de imanência.

Compreendido a partir disso, o signo não é aquilo que pode ser sentido no exercício empírico de uma faculdade previamente constituída, mas aquilo que somente pode ser sentido por uma sensibilidade transcendental no mesmo instante que a engendra. Em outras palavras, a sensibilidade transcendental somente surge quando apreende imediatamente a diferença intensiva ao sofrer dela a violência de um encontro.

Ao apreender a gênese da sensibilidade em sua forma transcendental, ressaltamos que ela se dá segundo quatro aspectos: (a) ela apreende aquilo que lhe concerne exclusivamente sem qualquer interferência de outra faculdade; (b) ela decorre da violência de um encontro contingente, em que a sensibilidade empírica sai de seu eixo e deixa de ser capaz de reconhecer o objeto com que se depara, colocando-se diante de seu limite relativo ao seu grau de potência; (c) ao levar a sensibilidade até o seu limite próprio, esse encontro engendra uma sensibilidade propriamente transcendental; (d) o objeto desse encontro não é algo que possua matéria, forma ou qualidades empíricas reconhecíveis, não é um ser sensível, mas justamente aquilo pelo que os seres sensíveis são dados, isto é, os estados livres e selvagens da diferença.

Ora, nesse processo de engendramento da sensibilidade transcendental está pressuposto que é o nosso corpo quem sofre a ação desse encontro, que é levado a encarar o limite de sua potência e a se tornar capaz de apreender o ser do sensível, isto é, não os sujeitos e os objetos já constituídos na experiência, mas aquilo por meio do qual os sujeitos e os objetos são constituídos, a saber, a diferença. Esse corpo precisa ser compreendido como o que está aquém da ordenação fornecida pelos órgãos, ele é, nesse sentido, anterior aos órgãos, já que é pura potência intensiva. Entre ele e o mundo há uma superfície de contato, de atuação recíproca de suas diferentes potências, onde partilham um mesmo espaço aberto ou partilham a própria exterioridade.

Assim, não se pode contrapor, ao que está fora do corpo, uma interioridade, nem mesmo a interioridade de um corpo, pois o corpo sofre a ação de potências que se entrecruzam com as suas próprias, sendo igualmente capaz de agir sobre elas, ainda que não saiba antecipadamente o que pode, qual é o limite de sua potência. Há, portanto, uma zona de indiscernibilidade entre o corpo e o mundo capaz de engendrar em nós a sensibilidade como uma faculdade propriamente transcendental, iniciando um processo em que se poderá talvez ser capaz de engendrar o pensamento.

O que vale para a sensibilidade, afirma Deleuze, vale também para outras faculdades, como a imaginação, a memória e o pensamento. A intensidade diferencial, apreendida imediatamente e no mesmo lance em que produz em nós a sensibilidade transcendental, será transmitida num encadeamento que coage a imaginação a exercer-se sob a sua forma transcendental, aquilo que é inimaginável no exercício empírico, mas que lhe concerne exclusivamente enquanto *imaginandum*. A mesma coerção é retransmitida à memória e, depois, da memória ao pensamento.

No caso da memória, o seu exercício meramente empírico recorre às coisas que, para ser lembradas, precisam ter sido vistas, ouvidas, imaginadas, pensadas, segundo a colaboração das faculdades no modelo da recognição. A memória transcendental, por sua vez, deve apreender aquilo que somente a ela concerne porque somente ela tem o poder para isso, aquilo que a força a se exercer, a partir de uma violência sofrida. Tal como a sensibilidade, a forma transcendental da memória tem uma paixão que lhe é própria: a própria diferença intensiva que a faz nascer para o mundo. O que só pode ser lembrado, mas que é impossível de ser lembrado pelo exercício empírico, é o *ser do passado*, aquilo que desde o início não pode ser objeto de uma rememoração, de uma busca voluntária por algo que estaria esquecido ou apagado na memória. A memória transcendental apreende o passado em si mesmo ou, pode-se dizer, apreende o passado enquanto o próprio esquecimento, isto é, como a "enésima potência da memória", quando ela é colocada em face de seu limite. Esse é um tema desenvolvido por Marcel Proust em sua obra literária.

Sendo confrontada com seu limite próprio, a memória, por sua vez, virá forçar o pensamento a pensar o que só pode ser pensado, o ser do inteligível, ou o impensável como última potência do pensamento. Assim, cada faculdade sai do eixo do senso comum, que permitia que colaborassem entre si para o reconhecimento do objeto. No empirismo transcendental, cada faculdade é colocada diante de seu limite e comunica à outra a violência sofrida, não a mesma intensidade, mas a metamorfose da diferença intensiva, de modo a que ela também se enfrente com sua diferença própria, com seu limite e seja levada à sua mais alta potência. Nesse caso, não há colaboração, mas um encadeamento divergente ou um acordo discordante entre as faculdades.

Deleuze afirma, como vimos, que "no caminho que leva ao que há para ser pensado, tudo parte da sensibilidade"[16], porque é ela que transmite a intensidade que inicialmente sofreu, intensidade que ocupava essa zona indistinta entre o exterior e a sensibilidade transcendental. Nesse percurso, "cada faculdade é levada ao ponto extremo de seu desregramento"[17] ou de sua mais alta potência, descobrindo assim a paixão que lhe é própria, seja o ser do sensível, o ser em si do passado ou o ser do inteligível. Deleuze se refere ainda a outras faculdades que também poderiam ser constituídas nesse processo: a linguagem diante do inominável ou do indizível, a sociabilidade diante da anarquia ou ainda outras faculdades que serão descobertas por uma doutrina diferencial da subjetividade, sob a égide do empirismo transcendental.

16. *Diferença e repetição*, p. 210 [188].
17. *Diferença e repetição*, p. 208 [186].

Na sequência, abordaremos o tema da memória transcendental a partir da análise e da apropriação conceitual que Deleuze efetiva quando escreve sobre Proust.

A memória transcendental: a diferença intensiva da memória

É sempre uma diferença intensiva o que desperta cada faculdade, nessa cadeia de transmissão diferencial da violência inicialmente sofrida pela sensibilidade. Não se pode falar numa boa natureza ou boa vontade das faculdades para lidar com essa intensidade vivida. Ao contrário, aqui se trata sempre de uma aventura do involuntário. O uso voluntário de uma faculdade diz respeito apenas ao domínio do empírico. Quando nos referimos às faculdades no seu âmbito transcendental, estamos sempre lidando com o involuntário. Como vimos, no caso da sensação, ela surge diante da contingência de um encontro que é da ordem do inesperado, do irreconhecível, do que não tem afinidade conosco, que suscita, pela violência que exerce sobre nós, que nos disponhamos a interpretá-lo, a decifrá-lo. No caso da lembrança, ela é suscitada pela sensibilidade, que provoca na memória uma intensidade que lhe é própria, que fará surgir um passado não como ele foi efetivamente vivido, mas como o ser em si do passado, o imemorável que, no entanto, desde sempre só poderia ser lembrado. No caso do pensamento, por fim, ele recebe da memória a intensidade produzida, que o força a pensar, saindo de seu estado de latência em que o pensar não passava de uma mera possibilidade. Assim se produz uma cadeia de involuntariedades, culminando no pensamento como algo que se torna necessário, embora nascido da contingência.

Detenhamo-nos no tema da memória involuntária ou transcendental a partir da primeira parte de *Proust e os signos*. Desde a leitura que faz da obra de Proust, Deleuze define o *signo* como o nome geral para tudo aquilo que se apresenta como algo a ser decifrado, tudo que apresenta implicitamente sentidos a ser interpretados. O signo é o objeto de um encontro que força a pensar e que neste contexto é apontado como o objeto de um aprendizado, ou seja, aprender é interpretar os signos emitidos por um objeto, uma matéria ou uma pessoa, tal como alguém se torna marceneiro tornando-se sensível aos signos da madeira ou médico, sensível aos signos da doença. O signo não faz parte de um ato de recognição, não diz respeito a uma ou mais impressões sensíveis que pudessem ser generalizadas por semelhança desde a ação de alguma faculdade previamente constituída. A contingência dos encontros, e dos hábitos que se formam desses encontros, é o que produz em nós esse movimento de interpretar, decifrar, explicar os sentidos implicados nos signos pelos quais somos afetados. Pois há sempre um sentido implicado ou enrolado no signo, assim como o sentido é sempre a explicação, o "desenrolamento" do signo.

No entanto, para que haja esse movimento de "explicação" do sentido do signo, é necessário vencer duas crenças: em primeiro lugar, (a) o objetivismo enquanto crença de que o objeto é portador do sentido dos signos que emite; em segundo lugar, (b) o subjetivismo enquanto crença de que se pode interpretá-los meramente a partir de um jogo subjetivo de associação de ideias.

(a)   O objetivismo, segundo Deleuze, não poupa nenhuma espécie de signo; vale para os signos vazios da mundanidade, os signos mentirosos do amor, os signos das impressões ou qualidades sensíveis e os signos essenciais das artes. É próprio do signo designar um objeto. Na busca por interpretar um signo, a direção natural da inteligência é ocupar-se com o objeto que emite esse signo. A inteligência se dirige inicialmente ao objeto como portador do segredo do signo: ela se põe então a descrever, a designar, a observar e, enfim, se dispõe ao reconhecimento do objeto. Com isso, ela confunde, como se fossem uma mesma coisa, essas duas diferentes instâncias que são o significado do encontro e o objeto que ele designa. É o que se passa em algumas situações com o próprio protagonista de *Em busca do tempo perdido*. Deleuze exemplifica:

> Tomado por um estranho sabor, o herói se inclina sobre a xícara de

chá, bebe um segundo e um terceiro gole, como se o próprio objeto fosse lhe revelar o segredo do signo. [...] Em seus primeiros amores, ele faz o "objeto" se beneficiar de tudo o que ele próprio sente: o que lhe parece único em determinada pessoa lhe parece também pertencer a essa pessoa.[18]

A arte também é permeada de ilusões objetivistas quando se procura extrair dela uma verdade decompondo o objeto. Por exemplo, quando alguém se dirige a uma música, um quadro, um poema ou um romance como algo que seria preciso saber escutar, olhar, descrever para se chegar a compreender o que ele significa.[19]

A inteligência busca apreender as significações objetivas, ou seja, anseia descobrir, formular e comunicar a suposta verdade do signo a partir do objeto que ele designa. Concebida a partir desse modelo, a própria filosofia se pretende um exercício voluntário e premeditado do pensamento que visa a determinar o conteúdo das significações objetivas. A filosofia vê a si mesma como um exercício de conversação em que os participantes estão de acordo sobre a significação das coisas, das palavras e das ideias, cujas verdades são o fruto de uma compartilhada boa vontade do pensamento e de um amor natural ao verdadeiro.

Porém, dirá Deleuze, à voluntariedade da filosofia falta a necessidade que só a violência de um encontro com um signo pode impor, forçando o espírito a interpretá-lo. Proust tem uma fórmula precisa para esse acontecimento: "todas as vezes em que o espírito se sente ultrapassado por si mesmo"[20]. Pois o que é natural não é a busca pela verdade, mas a incapacidade de, no momento do encontro, distinguir o signo e o objeto. Porque no encontro o objeto se interpõe com vividez maior, eclipsando o signo; buscamos no objeto o segredo que ele não é capaz de revelar e, por isso, frequentemente nos decepcionamos. Contudo, é a decepção, justamente, no contexto de *Em busca do tempo perdido*, o instante fundamental do aprendizado. Vejamos o exemplo

18. *Proust e os signos*, p. 26-27.
19. *Proust e os signos*, p. 29 e ss.
20. Proust, *Nos caminhos de Swann*, p. 31.

capital, comentado por Deleuze, retirado da obra de Proust, em que a interpretação dos signos sensíveis exige ultrapassar a dupla ilusão do objetivismo, apresentada acima, e do subjetivismo, que abordaremos na sequência.

Ao narrador são oferecidos, por sua mãe, chá e um bolinho chamado *madeleine*:

> [...] levei aos lábios uma colherada de chá onde deixara amolecer um pedaço de *madeleine*. Mas no mesmo instante em que aquele gole, de envolta com as migalhas do bolo, tocou o meu paladar, estremeci, atento ao que se passava de extraordinário em mim. Invadira-me um prazer delicioso, isolado, sem noção de sua causa. Esse prazer logo me tornara indiferente às vicissitudes da vida, inofensivos os seus desastres, ilusória a sua brevidade, tal como faz o amor, enchendo-me de uma preciosa essência: ou antes, essa essência não estava em mim; era eu mesmo. Cessava de me sentir medíocre, contingente, mortal. De onde me teria vindo aquela poderosa alegria? Senti que estava ligada ao gosto do chá e do bolo, mas que o ultrapassava infinitamente e não devia ser da mesma natureza. De onde vinha? Que significava? Onde apreendê-la?[21]

O sabor experimentado provoca um prazer inusitado que faz o narrador ser invadido por uma alegria desmedida e pela evidência de sua própria eternidade. Esse sabor é um signo que não se esgota nem de longe no próprio objeto. Não se pode conhecer seu segredo provando mais dois ou três goles. Não há nada na própria *madeleine* que lhe revele o segredo do êxtase que provoca.

(**b**)   Subjetivismo. Talvez o narrador devesse, então, procurar a verdade suscitada pelo bolinho em seu próprio espírito, subjetivamente, na associação do sabor com algo que havia vivido, numa recordação guardada a uma grande profundeza. Contudo, seguindo a narrativa proustiana, não é depois de uma inspeção da memória que a lembrança reaparece. Ela reaparece *de súbito*, isto é, involuntariamente: o gosto da *madeleine* era o que ele provava quando ela era oferecida por sua tia nos domingos de manhã, no quarto da casa onde ela morava em Combray, onde passava as

21. Proust, *Nos caminhos de Swann*, p. 31.

férias de verão em sua infância. Mas o extraordinário se dá no fato de que a lembrança não se esgota em si mesma, mas com ela reaparecem o quarto e a velha casa cinzenta de fachada para a rua:

> [...] e, com a casa, a cidade toda, desde a manhã à noite, por qualquer tempo, a praça para onde me mandavam antes do almoço, as ruas por onde eu passava e as estradas que seguíamos quando fazia bom tempo. E [...] assim agora todas as flores do nosso jardim e as do parque do Sr. Swann, e as ninfeias de Vivonne, e a boa gente da aldeia e suas pequenas moradias e a igreja e toda Combray e seus arredores, tudo isso que toma forma e solidez saiu, cidade e jardins, da minha taça de chá.[22]

Certamente, não se trata de uma simples associação, elaborada pela memória voluntária, entre uma impressão presente e uma passada que se assemelhasse a ela (o gosto do chá com a *madeleine*), que remontaria por contiguidade a um conjunto de outras impressões (a cidade de Combray) que se vivia então, ressurgidas a partir da impressão presente. Se assim fosse, se se permanecesse na associação de ideias, a *madeleine* e Combray se manteriam, enquanto representação de algo vivido, exteriores uma em relação à outra, a ideia da impressão antiga e a ideia de seu contexto. Desse modo, tais associações subjetivas voluntárias não seriam capazes de explicar algo que se acrescenta à sensação do sabor da *madeleine*: o prazer desmedido e a alegria fora do comum que sentia o narrador não seriam suficientes para dar conta da indiferença em relação à dor e à morte sentidas no momento em que a *madeleine* toca seu paladar.

Logo, o sentido do signo deve ser *inacessível* tanto à inteligência, quanto à memória voluntária; não se tem acesso ao segredo da potente alegria que emerge do encontro com a *madeleine* nem objetivamente, tomando um segundo ou um terceiro gole, nem subjetivamente, por meio da recomposição da impressão presente com a impressão passada e, junto com essa, uma série

---

22. Proust, *Nos caminhos de Swann*, p. 33.

de outras impressões contíguas ressurgidas no espírito. As ilusões subjetivistas, tanto quanto as objetivistas, são igualmente decepcionantes, porque são incapazes de decifrar o signo.

O que se passa é que o sabor da *madeleine* evoca o antigo contexto, isto é, Combray e toda sua atmosfera, de modo que ambos se apresentam de forma inseparável; eles se entrelaçam e se envolvem um no outro, o sabor torna-se uma qualidade comum aos dois momentos, o atual e o antigo ou, como diz Deleuze, "o sabor da *madeleine* aprisionou e envolveu Combray em seu volume"[23]. A cidade ressurge no espírito não como era quando esteve presente para a percepção, não em sua realidade vivida, mas em sua "verdade"; não em sua contingência, mas em sua *diferença interiorizada*. Não é possível explicar o esplendor com que tal lembrança se apresenta dentro dos mecanismos associativos de uma síntese ativa da memória, que apenas recompõem o passado sem internalizá-lo no presente. Em outras palavras, Combray reaparece em sua diferença, tanto em relação à percepção passada quanto em relação à percepção presente que a repete e na qual se interiorizou. Assim, a alegria sentida pelo protagonista é a de um tempo redescoberto, em que as impressões não são apenas semelhantes, mas idênticas, *em que Combray surge como o ser em si do passado, num novo esplendor, porque interiorizada na percepção atual, com uma diferença que se revela como sentido do signo*. Nas palavras de Deleuze:

> Combray surge num passado puro, coexistindo com os dois presentes, mas fora de seu alcance, fora do alcance da memória voluntária atual e da percepção consciente antiga [...]; é muito mais *o ser em si do passado*, mais profundo que todo o passado que fora, que todo o presente que foi. "Um pouco de tempo em estado puro."[24]

Portanto, o signo é mais profundo do que o objeto que o emite, embora esteja ligado à sua aparição, parcialmente contido nele, e o sentido do signo é mais profundo que o sujeito que o interpreta,

23. *Proust e os signos*, p. 56.
24. *Proust e os signos*, p. 57.

embora esteja ligado a ele, dependa parcialmente dele, das circunstâncias vividas e de uma série de associações subjetivas de semelhança ou contiguidade. Nessa medida, as associações continuam sendo insuficientes para a interpretação quando se dão num nível consciente ou voluntário da memória. A essência do signo somente se revela em maior profundidade por meio de uma *síntese transcendental da memória* ou *memória involuntária*, pela qual se acede ao ser em si do passado. Somente a memória transcendental tem o poder de interpretar o sentido do sabor da *madeleine*, ao elevar-se a um exercício transcendente, ultrapassando as dimensões empíricas do tempo. A memória transcendental aprende aquilo que só a ela concerne e o que ao mesmo tempo a engendra: o imemorável ou o esquecimento ou a diferença intensiva da memória, que, no entanto, só pode ser lembrado no exercício transcendente da memória. O que o protagonista acessa a partir do gosto do bolinho é um pouco de tempo em estado puro, a diferença como aquilo que somente é lembrado por nunca ter sido vivido e que a despeito disso comporta em si o sentido de uma vida:

> Reminiscências como o ruído do garfo e o sabor da *madeleine* [...] logo de início me privavam da liberdade de escolher entre elas, obrigavam-me a aceitá-las tais como me vinham. [...] Mas o modo fortuito, inevitável, por que surgira a sensação, constituía justamente uma prova da verdade do passado que ressuscitava das imagens que desencadeava, pois percebemos seu esforço para aflorar à luz, sentimos a alegria do real recapturado.[25]

---

25. Proust, *Le temps retrouvé*, p. 129 apud *Proust e os signos*, p. 95. É certo que apenas no nível mais profundo dos signos da arte, dirá Deleuze a partir de Proust, é que a essência é plenamente revelada, enquanto razão suficiente do signo e do sentido e de sua relação. Não obstante, quando a princípio a memória involuntária interioriza uma diferença, é-se capaz de aproximar-se das essências porque o ser em si do passado ultrapassa as dimensões empíricas do tempo, embora ainda dependa de dados exteriores, remete a estados vividos e a mecanismos de associação que permanecem subjetivos e contingentes; afinal, a *madeleine* poderia induzir não a Combray, mas a outra coisa associada consigo e revelar uma outra essência. Deleuze se refere ainda, mas sem desenvolver, a outros signos sensíveis, do desejo, da imaginação e do sonho como superiores aos signos sensíveis revelados pela memória involuntária (*Proust e os signos*, p. 61-65).

Capítulo 5

Teoria diferencial da subjetividade: o pensamento

Na tessitura do mundo, em contato imediato com as coisas e com as palavras que o inundam, dispostas em situações afetivas ao longo de uma vida, assim se constitui um sujeito. Por um lado, suas faculdades se dispõem de maneira a apreender as coisas do mundo em sua regularidade e como portadoras de identidades, a fixar lembranças, a reconhecer ideias e valores; a partir dessa disposição se constrói uma imagem da subjetividade como se fosse dada de antemão: a forma da interioridade ou o modelo da colaboração harmoniosa das faculdades sob a tutela do sujeito reflexivo, que se dirige ao mundo como objeto de (re)conhecimento. Que esse modelo seja o do senso comum, que permite às pessoas algum tipo de segurança e de previsibilidade em suas ações, é compreensível. Mas que esse modelo seja alçado a um ideal filosófico e forneça uma imagem do pensamento, contra isso a filosofia precisa se insurgir, numa guerrilha incessante. Por esse motivo, de outro lado, a teoria diferencial da subjetividade, tal como é produzida por Deleuze, implica outra acepção do que seria o pensamento, em consonância com o processo de constituição da subjetividade a partir do contato com o dado da experiência. Mais que um contato, trata-se antes de um pensamento que se engendra a partir da violência sofrida por um encontro contingente que obriga à produção de uma sensibilidade e de uma memória não mais empíricas, mas transcendentais. O encadeamento divergente das faculdades, que transmitem umas às outras a intensidade diferencial com a qual se depararam, desembocará numa concepção completamente nova do pensamento, que nos resta ainda explorar.

A filosofia intempestiva de Nietzsche e o devir-minoritário

Pode-se começar pela maneira, que se pode qualificar de engajada, pela qual Deleuze define a filosofia como uma recusa em servir aos poderes estabelecidos, referindo-se, como poderes estabelecidos, ao estado e à Igreja[1]. Segundo Deleuze, a filosofia deve ser uma denúncia de todas as mistificações e ficções com base nas quais esses poderes prevalecem. Ela deve servir para denunciar a mistura de baixeza e de besteira[2] que constitui uma imagem deformada do pensamento e deve ter como tarefa fazer humanos livres, isto é, que não coloquem a cultura em proveito do estado, da moral ou da religião. Além disso, a filosofia não deve permitir que o pensamento seja moldado pelo ressentimento e pela má consciência. Assim ele retoma, ao seu modo, a empresa filosófica de Nietzsche, que denunciava a filosofia hegeliana como estando a serviço do estado e a filosofia kantiana como estando a serviço da moralidade[3].

Visando produzir humanos livres, como deve se portar a filosofia? A resposta, a princípio, não é das mais animadoras: a filosofia, afirma Deleuze, deve servir para entristecer e para contrariar as pessoas. Pois uma filosofia que desejasse agradar as pessoas, fazer com que elas se sentissem satisfeitas com o mundo ou consigo mesmas, sequer deveria ser considerada enquanto filosofia. Diferentemente, ela tem de desagradar, incomodar, *entristecer*.

Afirmar que a filosofia tem de servir para entristecer implica que nenhuma filosofia deve se ver satisfeita com uma espécie

---

1. Este tópico é um comentário de um subcapítulo, intitulado "Nova imagem do pensamento", de *Nietzsche e a filosofia*, livro de Deleuze sobre a filosofia nietzschiana, no qual ele procura se apropriar de maneira original de conceitos como vontade de potência, força, ressentimento, má consciência, eterno retorno, entre outros, tendo em vista a composição de uma filosofia da diferença tal qual se tem delineado aqui. Ver *Nietzsche et la philosophie*, p. 118-126.
2. Na sequência deste capítulo se encontrará um tópico específico para tratar do conceito de besteira.
3. Para a maneira como a interpretação deleuziana de Nietzsche desemboca nessa discussão sobre o pensamento, ver Fornazari, A crítica genealógica no limiar da filosofia da diferença. *Revista trágica: estudos sobre Nietzsche*.

muito baixa de contentamento quando, por exemplo, um suposto filósofo recebe as honrarias de um poder qualquer, que podem chegar a ele na forma de prestígio, de cargos, de dinheiro e que, no entanto, valem mais como índice de que essa filosofia é inócua, que não faz mais que reiterar as verdades e os valores em curso. Não apenas Nietzsche demitiu-se de seu cargo como professor para se tornar um livre pensador, Espinosa recusou a cátedra de filosofia que lhe foi oferecida pela Universidade de Heidelberg e o próprio Sartre demitiu-se da universidade para dedicar-se à literatura, à dramaturgia e à filosofia. Apesar disso, a vinculação institucional pode não ser um impeditivo para a filosofia desde que seja assegurada a liberdade de ensino do professor e da professora e ela seja vivida, como mostra bell hooks, com o máximo compromisso na compreensão e na transgressão dos sistemas de dominação e de doutrinação, inclusive os institucionais, a fim de agir sobre o mundo e modificá-lo[4].

Além disso, não se trata para o filósofo ou para a filósofa de ser a má consciência de seu tempo, fazendo da filosofia um lamento a respeito do absurdo da condição humana. Tanto menos se pode esperar que o ressentimento contra a vida, suas mazelas e suas injustiças, possa produzir um pensamento que seja capaz de enfrentá-las com coragem e criatividade, pois o ressentimento é sintoma evidente de impotência. Segundo Deleuze, remontando também a Espinosa, não está em jogo a busca por deplorar, ridicularizar, desprezar ou abominar a impotência da mente humana[5]. O que cabe ao filósofo e à filósofa é a tarefa monumental de impedir as formas baixas de pensar, que estão a serviço dos poderes que assujeitam a vida, de irem tão longe quanto gostariam. Em vez de ressentir-se desses poderes ou lamentar sua própria impotência, resistir a tudo aquilo que apequena a existência, produzir

---

4. hooks, *Ensinando a transgredir: a educação como prática da liberdade.*
5. Aqui se faz uma livre referência ao "Prefácio" da terceira parte da *Ética*, de Espinosa: "Os que escreveram sobre os afetos e o modo de vida dos homens [...] atribuem a causa da impotência e da inconstância não à potência comum da natureza, mas a não sei qual defeito da natureza humana, a qual, assim, deploram, ridicularizam, desprezam ou, mais frequentemente, abominam." Spinoza, *Ética*, p. 161.

um ímpeto para afirmar a vida, em toda e qualquer época que se vive. Assim, levanta-se uma voz dissonante para negar aquilo que se diz que todo mundo sabe, para duvidar daquilo que ninguém duvida, para, enfim, introduzir o dissenso, deixando de dar assentimento à besteira, às maneiras baixas de pensar e aos poderes que as sustentam[6].

A cada vez que o filósofo ou a filósofa se ergue é para fazer de seu corpo um arco tensionado, capaz de lançar uma flecha da crítica dissonante em direção ao futuro, tal como ele também a recolheu do passado. Da mesma maneira, cada época também renova uma imagem da besteira e formas baixas de pensar, sempre inseparáveis de seu tempo, da atualidade na qual elas se encarnam. A filosofia, por sua vez, se coloca sempre contra o seu tempo, construindo conceitos que não são nem eternos, nem históricos, mas intempestivos, ou seja, conceitos de um tempo por vir, que agem sobre a atualidade, mas em favor de um outro tempo que não está dado, que se deve construir, e que jamais estará dado, pois a cada vez a filosofia deverá se relançar e se colocar a favor de um tempo novo.

Deleuze vê nisso uma nova imagem do pensamento tal como ela é proposta por Nietzsche. Porque pensar não é o exercício natural de uma faculdade, nem o pensamento depende apenas de si mesmo para pensar, na medida em que fosse capaz de evitar os efeitos das forças exteriores que o desviariam do caminho reto, levando-o ao erro. Antes, pensar depende das forças que se apoderam do pensamento. Se essas forças forem reativas, isto é, impulsionadas pelo ressentimento e pela má consciência, essas verdades serão da ordem da baixeza ou serão determinadas pela besteira, mantendo o pensamento em estado de torpor. Para que as coisas não se deem dessa forma, é preciso ser capaz de se contrapor a essas forças, fazer com que o pensamento seja impulsionado por forças ativas.

A questão é exatamente essa: quais são essas forças capazes

---

6. *Diferença e repetição*, Capítulo 3, "A imagem do pensamento".

de fazer do pensamento algo ativo, de ser capaz de uma afirmação diante da baixeza e da besteira? Como levar o pensamento à sua mais alta potência de maneira a ser capaz de romper com a sua fidelidade e a sua adequação às ideias de seu tempo? O encontro com aquilo que força a pensar é, por si só, capaz de produzir essa afirmação do pensamento?

Enquanto o método supõe uma boa vontade do pensador, o encontro com o fora do pensamento "é uma violência sofrida pelo pensamento, uma formação do pensamento [...] que coloca em jogo todo o inconsciente do pensador"[7]. Mas há sempre o risco de que esse trabalho do fora que libera o pensamento das forças reativas e que o coloca no caminho de uma nova criação seja reabsorvido pela Igreja, pelo estado e pela moral, que encontram novos meios de rebaixar o pensamento e de submetê-lo ainda outra vez. Essa é a ambivalência do fora, que produz uma violência que força a pensar; mas essa violência pode ser transformada em força reativa que reconduz o pensamento ao seu estado de torpor. Estamos diante então de uma *tipologia* de forças: as forças reativas que se enrijecem enquanto ideias vigentes de uma época, que procuram submeter o pensamento à inatividade, e as forças ativas que o impulsionam à criação do novo, à criação de pensamentos que se lançam ao porvir.

Num caso como no outro, tudo começa com uma *topologia*, e a esse aspecto se deve dar toda a atenção: Deleuze afirma que "pensar depende de certas coordenadas"[8], ou seja, nossas verdades são frutos do local, da hora e do elemento nos quais dispomos nossa existência. Logo, se tudo depende da violência sofrida, é preciso antes a coragem para habitar os lugares e os elementos onde estão as "verdades" que dão a pensar, "lá onde se exercem as forças que fazem do pensamento algo ativo e afirmativo"[9]. Os filósofos das zonas tropicais, evocados por um Deleuze inspirado por Nietzsche, são aqueles que habitam os lugares extremos, as

7. *Nietzsche et la philosophie*, p. 124.
8. *Nietzsche et la philosophie*, p. 125.
9. *Nietzsche et la philosophie*, p. 126.

horas extremas, prontos a se depararem com as verdades mais altas e as mais profundas, ainda que sob o jugo das leis mais arbitrárias, dos juízes mais parciais, da corrupção da vida em quase todas as suas esferas.

> A nós cabe se dirigir aos lugares extremos, às horas extremas, onde vivem e se erguem as verdades mais altas, mais profundas. Os lugares do pensamento são as zonas tropicais, assombradas pelo homem tropical. Não as zonas temperadas, nem o homem moral, metódico ou moderado.[10]

Seria necessário, assim, produzir um *deslocamento* de maneira a se deparar com esses extremos que fazem pensar? Tudo indica que deslocar seria se desprender de seu lugar habitual de fala e de ação, ainda que sem sair do lugar. A insuficiência da noção de lugar de fala é justamente não levar em conta os deslocamentos e os devires de que somos capazes. Aos poderes estabelecidos interessa sobretudo fixar os lugares onde se pode ou não frequentar, os métodos ou os currículos que asseguram um caminho para chegar ao conhecimento, uma moralidade que impeça os chamados "desvios de conduta", os modos de sentir e de experienciar a vida que garantam que o sujeito não perca o seu centro e assim por diante.

Diferentemente, *a possibilidade de pensar parece ter íntima relação com a ruptura com tudo o que restringe a vida a parâmetros fixos, ou seja, ela parece ter afinidade com um devir, com a produção de uma multiplicidade de devires que permita experimentar a vida, individual ou coletivamente, a partir de uma nova sensibilidade e ver o mundo desde múltiplas perspectivas.* Por isso, aposta-se no devir-minoritário do pensamento, no acolhimento das minorias que encarnam essas novas sensibilidades e esses novos saberes – sem os quais, inclusive, a Terra está fadada a mergulhar numa irreversível catástrofe ecológica. É o caso do devir-ribeirinho e do

---

10. *Nietzsche et la philosophie*, p. 126. Deleuze remonta nesse comentário ao parágrafo 197 de *Além do bem e do mal*: "Não parece haver entre os moralistas um ódio à floresta virgem e aos trópicos? E uma necessidade de desacreditar a todo custo o 'homem tropical', seja como doença e degeneração do homem, seja como inferno e automartírio próprio?". Nietzsche, *Além do bem e do mal*, p. 95.

devir-índio, que devem poder nos conduzir ao convívio, à defesa e à proteção dos rios, das florestas e da biodiversidade. Há um devir nos atingidos por barragens, e pelas tragédias colossais e criminosas que das barragens se assomam, que leva a exigir uma mineração que respeite a vida e o ritmo da vida. Há um devir nos camponeses sem terra que os coloca na vanguarda de um cultivo sustentável da terra contra as monoculturas e o uso de agrotóxicos que envenenam os alimentos, o ar e a água. Nas grandes cidades, o devir-mulher que deve atravessar a todos e a todas contra o feminicídio e o assujeitamento feminino; o devir-negro do pensamento e da ação para acabar com o etnocídio dos jovens das periferias brasileiras; o devir-estudante que produz o enfrentamento às leis que querem reduzir a menos que nada os direitos ligados ao trabalho e à seguridade social, além de minar a sobrevivência das escolas e das universidades públicas. Esses e tantos outros devires-minoritários são as guerrilhas micropolíticas em defesa da vida pensada a partir da multiplicidade e da diferença. Vivemos os lugares extremos e as horas extremas em todas as partes: são esses deslocamentos as intensidades que forçam a sentir de outras maneiras, a imaginar outros mundos possíveis, a pensar para além do que já foi pensado.

Zourabichvili, em *Deleuze: uma filosofia do acontecimento*, destaca um tipo de deslocamento que vem a esse encontro: as variações de ponto de vista[11]. São variações de ponto de vista não para um sujeito idêntico a si mesmo que caminha entre as coisas, mas no sentido de que a individuação de um novo objeto exige uma nova individuação do sujeito. Não se trata de variar pontos de vista de um mesmo sujeito sobre coisas supostamente neutras e exteriores, mas de fazer com que as próprias coisas sejam novos pontos de vista, na medida em que elas provocam uma variação intensiva no sujeito. A coisa deixa de ser exterior, objeto a ser apropriado, e passa a compor com o corpo, que descortina sua presença, uma zona de indiscernibilidade onde se partilham

---

11. Zourabichvili, *Deleuze: une philosophie de l'événement*, p. 35 e ss.

as diferentes potências intensivas produzidas nesse encontro. O ponto de vista é a atuação recíproca dessas intensidades de maneira que a heterogeneidade do mundo se conjuga com a heterogeneidade do corpo e desperta o pensamento. Que as próprias coisas, em suas novidades, em suas urgências ou em suas tragicidades, sejam novos pontos de vista que mobilizam o pensamento. E que cada leitor ou leitora saiba encontrar as variações no mundo que estejam em consonância com seus devires, que se conjuguem com seu corpo de maneira a que se possa resistir intransigentemente a tudo aquilo que despreza a diversidade da vida e que promove a morte (de grupos étnicos, de comunidades, de biomas, de direitos, de animais, etc.). Achille Mbembe mostra como a construção do racismo, enquanto ato de falsificação e de desconhecimento, é uma resistência à multiplicidade e "o anseio por um mundo sem surpresas, sem cortinas, sem formas complexas"[12]. Inversamente, pode-se afirmar que o combate ao racismo é a potência de afirmação da multiplicidade e da pluralidade da vida, a alegria dos encontros com a alteridade e com a diferença.

O devir-minoritário é a melhor maneira de impedir que esses deslocamentos sejam regressivos, pois é inerente ao devir-minoritário ser propício à afirmação da vida em sua multiplicidade, à criação de maneiras mais potentes de viver coletivamente. Provavelmente, isso não se pode fazer de modo definitivo e o risco de renovarem-se as formas baixas de viver estará sempre presente. No entanto, sem esses devires não há maneira efetiva de enfrentamento, pois eles são as próprias armas de combate contra as maneiras estereotipadas de viver e compreender o mundo. Os devires, no mais, são a grande guerrilha contra a besteira.

---

12. Mbembe, *Crítica da razão negra*, p. 200.

A besteira e o campo intensivo de individuação

Em algumas das páginas mais densas e talvez enigmáticas de *Diferença e repetição*, sob a rubrica "Problema da besteira", Deleuze afirma que a besteira é *uma estrutura do próprio pensamento*, tal como a covardia, a crueldade e a baixeza, e que é preciso fazer dela um problema transcendental. Ela não tem nada que ver com o erro, ou seja, com aquilo que desvia o pensamento de sua suposta retidão natural, de sua presumida boa natureza, o erro como uma espécie de falha do bom senso ou de desvio do senso comum, daquilo que nos conduziria ao verdadeiro. A besteira também não é a animalidade, pois não se espera das bestas (dos animais), como se espera dos humanos, que façam besteira. Tampouco é possível referir-se à besteira tomada na expressão "falar besteira" como a ação de quem não sabe o que está falando, de alguém que não conhece ainda o suficiente a respeito do assunto, pois pode-se inclusive ser um especialista no assunto e ainda assim só falar besteira.

Para entender afinal de que se trata a besteira, é preciso seguir de perto essa incitação feita inicialmente por Deleuze e perguntar: o que seria, então, tomar a besteira como objeto de uma questão propriamente transcendental?

A primeira pista que podemos investigar está na aproximação entre a besteira e a individuação. Pois, afirma Deleuze, "a besteira é possível em virtude do liame do pensamento com a individuação", liame que "se urde num campo de intensidade que constitui já a sensibilidade do sujeito pensante". E a individuação, continua o filósofo, "consiste em campos de fatores intensivos fluentes"; ela, "operando sob todas as formas, não é separável de um fundo puro que ela faz surgir e arrasta consigo"[13]. Sendo assim, um campo intensivo, sem formas, sem matéria e sem sujeito é individuado e se constitui como o estofo sensível do sujeito pensante, mas apenas enquanto o pensamento seja uma possibilidade inefetuada, já que, como bem pontua Sauvagnargues a esse

---

13. *Diferença e repetição*, p. 218-219 [197].

respeito, "o Eu (*Moi*) do pensador não é determinado de antemão, e a maneira pela qual se pensa não depende de um Eu penso, de um cogito originário"[14]. Puro fluxo intensivo, sem forma, que penetra o eu, assombrando-o e se esforçando por retê-lo na sua teia, impedindo o pensamento de se liberar, oferecendo-lhe apenas visões parciais, faces esfoladas, fragmentos de corpos esvaziados de vida: "Todas as determinações se tornam cruéis e más, sendo apreendidas tão somente por um pensamento que as contempla e as inventa, esfoladas, separadas de sua forma viva, flutuando sobre esse fundo morno. Tudo se torna violência sobre este fundo passivo"[15]. Eis assim a besteira: essa contemplação, essa apreensão do fundo disforme, cujas determinações não passam de uma tagarelice onde habitam clichês, dogmas, anacronismos, palavras de ordem, *slogans*, modismos e comodismos que amarram o pensamento[16]. Ela pode levar o pensamento à paralisia ou, ainda pior, a um fascínio loquaz onde o léxico se faria passar por conceito e asfixiaria o pensamento.

Antes de avançar um pouco mais a análise, é importante retomar alguns pressupostos, sobretudo quanto à noção de individuação, tal como Deleuze a desenvolve no quinto capítulo de *Diferença e repetição*[17]. Apenas no plano das determinações empíricas se podem diferenciar os indivíduos quanto a suas qualidades e a suas partes extensivas. Mais profundamente, porém, existe a fonte de onde emanam por diferenciação as nuanças próprias de cada existência individual. Sob todas as determinações empíricas e sob todas as relações em que as determinações se apresentam, existe em profundidade um mundo de intensidades diferenciais

14. Sauvagnargues, *Deleuze, l'empirisme transcendantal*, p. 20.

15. *Diferença e repetição*, p. 219 [198].

16. Cleber Lambert da Silva denuncia a redução da própria filosofia deleuziana a *slogans* da imanência. Contra os *slogans*, ressalta a "intrusão do involuntário no pensamento" como desencadeante de um movimento ou experiência infatigável de colocação de novos problemas. Silva, Deleuze e os *slogans* da imanência. In: Fornazari (coord.), *Deleuze hoje*, p. 295-313.

17. O quinto capítulo de *Diferença e repetição* se desenvolve em torno da precedência do campo intensivo de individuação em relação à diferenciação; pode-se, no entanto, destacar as páginas 339-356 [311-327].

que as condicionam e que as engendram. As diferenças constituem o jogo subterrâneo de remissões recíprocas, produtor de intensidades que afirmam imediatamente a si mesmas, constituindo o movimento do ser enquanto movimento de passagem do virtual para o atual, a partir do modo como as diferenças se relacionam com as diferenças. O virtual é o puro *spatium* intensivo em que as diferenças estão implicadas, onde uma diferença age sobre outras diferenças e, como resultante dessa ação, se constitui como diferença intensiva. Há um excedente quantitativo de potência que se origina da própria relação entre diferenças de potências desiguais. Esse excedente é a *diferença intensiva*, a partir da qual uma diferença age afirmando a si mesma. A diferença intensiva, desse modo, atua como o diferenciador das diferenças que povoam o virtual, levando-as ao movimento de atualização, até o ponto em que as diferenças se anulam nas qualidades empíricas e nas partes extensivas atuais (empíricas).

No entanto, para que isso ocorra, é necessário, antes, que as intensidades preencham, ao mesmo tempo em que constituem, um *campo intensivo de individuação*, formado por uma multiplicidade de relações diferenciais virtuais. A individuação precede de direito a diferenciação no sentido de atualização. Ela provoca a diferenciação, a ação desse campo intensivo de individuação é que cria o movimento de diferenciação, segundo uma linha divergente que formará esta ou aquela determinação empírica, como um elemento, um organismo, uma espécie. O campo intensivo de individuação afirma em si as intensidades que o constituem, afirma-as se diferenciando. A diferença intensiva se define, sob essa perspectiva, como diferença individuante. As diferenças individuantes são o princípio transcendental que age em cada coisa, em cada indivíduo constituído no mundo empírico, circulando e comunicando sob as formas e as matérias, construindo-as temporariamente e dissolvendo-as incessantemente para tão logo reiniciar o processo. Toda individualidade, tão logo e inevitavelmente, se deixará reabsorver, liberando as intensidades diferenciais que seguirão incessantemente penetrando umas nas outras, encontrando-se para em seguida se perder de novo e de novo nas distâncias, profundidades e superfícies do duplo virtual/atual.

Assim, o campo intensivo de individuação é condicionante de toda especificação das formas, de toda determinação e de todas as variações individuais, de modo que essa profundidade intensiva, diferencial e individuante se expressa nas diferenças individuais do eu empírico com o qual nos identificamos e nos distinguimos uns dos outros, umas das outras.

Ora, precedendo os sujeitos, provocando a diferenciação, delineando os indivíduos a partir desse campo intensivo sem que eles deixem de fazer parte desse fundo, a individuação arrasta esse fundo intensivo sempre consigo. Daí o assombro de Deleuze: "é difícil descrever esse fundo e, ao mesmo tempo, o terror e a atração que ele suscita. Revolver o fundo é a mais perigosa ocupação, mas também a mais tentadora"[18]. Os que se sentem atraídos, tentados pelo fundo são aqueles tomados por "momentos de estupor de uma vontade obtusa". Trata-se de um fundo indeterminado que sobe à superfície, sem tomar forma ou figura, e se apresenta ao sujeito para o qual o pensamento não passa ainda de uma possibilidade. Como se pode se defender contra a irrupção desse fundo disforme e deformante, sempre à espreita, com seu ímpeto para escavar no indivíduo apenas a sua face bestial e hedionda? Besteira é o nome com o qual esse processo é designado por Deleuze:

> A besteira não é o fundo, nem o indivíduo, mas sim essa relação em que a individuação eleva o fundo sem poder lhe dar forma (ele se eleva através do Eu [Je], penetrando o mais profundamente na possibilidade do pensamento, constituindo o não reconhecido de toda recognição).[19]

Quando Foucault se propõe a comentar o tema da besteira, a partir da leitura que fez de *Diferença e repetição*, produz páginas excep-

18. *Diferença e repetição*, p. 219 [197].
19. *Diferença e repetição*, p. 219 [197-198].

cionais[20]. Ele alerta para o perigo que é livrar-se das categorias, isto é, do modelo da concordância das faculdades, pois tão logo o fazemos, quando acreditamos que veremos diante de nós a "maravilhosa multiplicidade das diferenças", acabamos por nos confrontar com o "magma da besteira", com o nivelamento, a repetição do mesmo, os esforços falhados. Como fazer para se distinguir da obscuridade e da confusão da besteira e fazer surgir dali a diferença, sem se deixar seduzir pela besteira e, por outro lado, sem se deixar destruir pela velocidade infinita do pensamento?

> A besteira se contempla: nela mergulhamos o olhar, nos deixamos fascinar, ela nos carrega com doçura, a imitamos nela nos abandonando; sobre sua fluidez sem forma nos apoiamos; espreitamos o primeiro sobressalto da imperceptível diferença e, com o olhar vazio, espiamos, sem paixão, o retorno do lampejo. Ao erro, dizemos não, e falhamos: dizemos sim à besteira, olhamos para ela, a repetimos e, suavemente, clamamos pela total imersão.[21]

A besteira é a outra face do pensamento. Foucault alerta para o perigo da "total imersão". Para afastar esse perigo, é preciso contemplar bem de perto a besteira, até quase se perder, chegar a um estado de fadiga, um obstinado calar-se, uma inércia, todos esses estados de estupefação que se necessita dissipar num único golpe; esse golpe, segundo Foucault, é o lançar de dados do pensamento, o "impacto da diferença".

Vê-se que, segundo Foucault, a derrota do pensamento é essa completa imersão na besteira, deixar-se conduzir por seu fascínio, apoiar-se nela por meio da imitação, da repetição. Para vencer a besteira, no entanto, é preciso contemplá-la bem de perto com o risco de se perder, direcionar a ela com todo seu empenho até quase se exaurir e, diante de sua tagarelice, ficar calado. Foucault indica que é impossível não ceder ao seu fascínio, como se o pensamento se alimentasse dessa espera, dessa espreita, dessa imersão, dessa tendência à paralisia, como se somente em contato com

---

20. Foucault, Theatrum philosophicum. *Ditos e escritos II*, p. 247-251.
21. Foucault, Theatrum philosophicum. *Ditos e escritos II*, p. 248.

a besteira se pudesse sofrer a violência necessária para produzir o pensamento, a violência nascida do encontro com a diferença. Com isso se entende por que a besteira é uma estrutura do pensamento. Pois o encontro com a diferença é necessariamente a efetuação de um corte na besteira, é dar um basta à tagarelice, é se tornar capaz de produzir uma ideia, um conceito, um *afecto*, um percepto, uma função. Portanto, pensar é produzir uma consistência capaz de se afirmar sobre as inconsistências que se acaba de atravessar, é traçar um plano sobre a besteira. Compreende-se assim a afirmação presente em *O que é a filosofia?*: "O filósofo, o cientista, o artista parecem retornar do país dos mortos"[22].

Portanto, "falar besteira" não é desconhecer o assunto ou desviar-se da formulação correta a respeito de um tema. Ao contrário, "falar besteira" é a ação de quem se contenta em reproduzir, por inércia ou por conformismo, os clichês majoritários e as opiniões dominantes que circulam de maneira estereotipada nos mais variados meios, dos meios de comunicação à publicidade, dos textos-imagens fragmentários das redes sociais aos currículos escolares uniformizantes. Uma passagem preciosa de *Conversações* mostra como as forças repressivas estão plenamente alinhadas com a besteira, na medida em que não impedem as pessoas de se exprimir, ao contrário, elas as forçam a se exprimir, a ter sempre de se pronunciar sobre cada nova notícia que surge, ainda que já tenha sido dito mil vezes, dezenas de milhares de vezes e que nossa posição política só valha se for numericamente relevante. Justamente porque estamos ocupados em sempre dizer algo que somos presas fáceis da besteira. Daí Deleuze acrescentar que necessitamos de "vacúolos de solidão e de silêncio", a partir dos quais teríamos enfim algo a dizer, algo que merecesse ser dito[23].

Enfim, a besteira consiste em repetir as ideias circundantes, ainda que se tenha pleno domínio a respeito do assunto de que trata. Porque a besteira é esse fundo de ideias já pensadas, de

---

22. *O que é a filosofia?*, p. 260.
23. *Conversações*, p. 161-162.

respostas já dadas que se insinua incessantemente para o pensamento. Pode-se recitar um autor nos seus mínimos detalhes e ainda assim não produzir qualquer marca de singularização, não fazer esse conhecimento operar dentro de um novo campo de problematização. Ou então se deixar seduzir por um fascínio lexical que esvazia os conceitos de sua consistência, isto é, daquilo que nos permite, por meio deles, alcançar a realidade. Enfim, a besteira é esse magma de clichês, palavras de ordem, *slogans*, frases prontas, ideias soltas ou ideias bem amarradas, dogmas, imagens e conceitos sem consistência, e a mistura disso tudo em discursos monstruosos e tanto mais monstruosos quanto mais coerentes eles chegam a ser, porque apenas repetem sem se cansar as ideias vigentes, determinadas pelo poder que ampara esse magma com as mãos.

A forma-estado do pensamento

Em *Mil platôs*, no capítulo intitulado "1227 – Tratado de nomadologia: a máquina de guerra", escrito em parceria com Guattari, retoma-se o problema do pensamento a partir da relação entre o pensamento e o estado, enquanto centralização máxima do poder. Lá se encontra a afirmação incisiva: "Quanto menos as pessoas levarem a sério o pensamento, tanto mais pensarão conforme o que quer um estado"[24]. Essa afirmação de Deleuze e de Guattari põe em relevo um dos principais problemas que os autores constroem quando se trata de discutir a relação entre o estado e o pensamento. O pensamento tem uma dupla possibilidade: ou (a) ele é de acordo com o modelo fixado pelo aparelho de estado ou (b) ele é sem modelo e sem fixidez, antes ele desfaz os modelos e as formas fixas, ele é fugidio, insinuante, desconcertante.

Assim, por um lado, há um pensamento conformista, não no sentido de que haja conteúdos do pensamento (crenças e ideias) que sirvam como um véu para ocultar a realidade, fazendo com que

24. *Mil platôs* v, p. 46.

se aja e se pense de maneira a legitimar um dado poder, mas no sentido de que a própria forma do pensamento é constituída de acordo com a forma desse aparelho de poder. Em outras palavras, não se trata de ideologia, mas do modo como os princípios que operam na fixação da soberania do estado *se dilatam* no pensamento. É isso o que os filósofos nomeiam como forma-estado do pensamento.

A unidade do aparelho de estado, em sua forma recorrente, é constituída por dois polos da soberania:

1. O Rei-Mago é a fundação mitológica do estado operando a partir do *liame* ou da apreensão daqueles que são submetidos à soberania, trata-se de um saber e de um poder de capturar, de ligar e de desligar imediatamente, sem combate.

2. O Sacerdote-Jurista é o fundamento racional do estado, que organiza juridicamente um pacto ou um contrato.

De um lado, o déspota violento e terrível, de outro lado, o legislador calmo e regrado. Quando esse modelo se dilata sobre o pensamento, ele reproduz esses dois polos ou essas duas cabeças: um *imperium* do pensar verdadeiro, que ancora sua eficácia numa fundação mitológica, isto é, a verdade como essência universal, e uma república dos espíritos livres, que ganha uma eficácia e uma sanção de um fundamento racional e que tem como decorrência o consenso.

Assim, a imagem dogmática do pensamento reproduziria a própria unidade de funcionamento do aparelho de estado com seus dois polos da soberania: a imagem do pensamento em que o bom senso conteria formalmente o verdadeiro como uma fundação mitológica do pensamento e em que o senso comum seria o princípio subjetivo de colaboração em vista do consenso racionalmente atingido. Ao agir assim sobre o pensamento, o próprio estado recebe dele de volta a sanção de uma forma única e universal por direito, isto é, uma soberania fundada no liame constituído pelo verdadeiro e na racionalidade jurídica, de modo que a racionalidade que o fundamenta seria extraída do próprio estado. E quanto mais se postula o estado como realização da razão, mais se crê que se deve obediência a ele:

> Desde que a filosofia se atribuiu o papel de fundamento não parou de bendizer os poderes estabelecidos, e decalcar sua doutrina das faculdades dos órgãos de poder do estado. O senso comum, a unidade de todas as faculdades como centro do Cogito, é o consenso de estado levado ao absoluto.[25]

No entanto, por outro lado, como dizíamos, há um pensamento que escapa a esse espraiamento das engrenagens do poder, que é destruidor dos modelos e das formas, um pensamento enquanto máquina de guerra que se subtrai à soberania, que é antes uma tribo nômade, o contrário do aparelho de estado. Em relação à unidade do aparelho, há sempre um terceiro elemento exterior, vindo de fora: a máquina de guerra. Ela é irredutível aos dois polos da soberania, é anterior ao seu direito e exterior ao seu liame. Antes, a máquina de guerra, com seu furor e sua potência, desata os liames tanto da magia quanto do contrato jurídico. Não por acaso, o guerreiro é visto pelo estado como louco, ilegítimo, usurpador, pecador. Ele peca contra o rei, contra o sacerdote e contra as leis do estado.

Daí a pergunta sobre a possibilidade de um pensamento enquanto máquina de guerra ganha toda uma dramaticidade. Ele seria um pensamento que combate a forma-estado ao se colocar em relação imediata com o fora, com as forças do fora. Não se trata de outra imagem, que se oporia à imagem inspirada no aparelho de estado, mas de uma força que destrói a imagem e combate a subordinação do pensamento a um modelo do Verdadeiro, do Justo ou do Direito. Ele se situa num espaço liso (não estriado pelo método), que ocupa sem medir, ele vive a sua própria impossibilidade de criar forma (desmoronamento do centro). Sem recorrer a um sujeito pensante universal, ele se desenvolve perifericamente, na pura exterioridade, em função de singulari-

---

25. *Mil platôs v*, p. 45.

dades e de circunstâncias não interiorizáveis. A obra de Frantz Fanon oferece um exemplo extraordinário nesse sentido. Ela foi a resposta ao regime de violência colonial imposto pela França à Argélia e pelo exército francês contra os revolucionários argelinos, que ele descrevia como uma "empresa de extermínio" e um "genocídio". Mbembe assim descreve o pensamento de Fanon:

> Como resposta explícita à lei de ferro do colonialismo, [Fanon] precisava lhe opor uma implacabilidade e uma força perfurante na mesma medida. O seu foi, essencialmente, um *pensamento em situação*, nascido de uma experiência vivida, em curso, instável, cambiante; uma experiência-limite, arriscada, na qual, com a consciência aberta, o sujeito reflexivo punha em jogo a própria história, a própria vida, o próprio nome, em nome de um povo por vir, em vias de nascer.[26]

Trata-se de um pensamento que se constitui como uma máquina de guerra contra um estado genocida e, portanto, como um chamamento para uma luta, com todos os riscos possíveis, para a construção de uma sociedade nova, liberada da opressão do racismo. São as circunstâncias vividas que produzem um pensamento comprometido com uma justiça e um direito dos povos, a partir dos quais eles possam se autoderminar, isto é, construir um futuro para o seu próprio benefício e para o benefício comum de todos os povos – e não para o fortalecimento do estado enquanto produtor de separações, iniquidades e violações.

O devir-minoritário do pensamento

Há uma violência que dispara o mecanismo que conduz, de faculdade em faculdade, a intensidade vivida no encontro com o signo a levar o pensamento a sair de seu torpor. Uma violência que pode desencadear esse processo diz respeito ao encontro com algo que desafia os mecanismos da recognição, impedindo que as faculdades colaborem no seu reconhecimento. A impossibilidade

---

26. Mbembe, *Crítica da razão negra*, p. 280. Para o tema da violência em Fanon como conceito político e clínico, v. p. 280-295.

do reconhecimento coloca em jogo a própria unidade do sujeito pensante no mesmo movimento em que o dado da experiência é fraturado porque é impossível reconduzi-lo a uma unidade. O signo faz assim surgir a sensibilidade enquanto faculdade transcendental, que apreende o que lhe concerne sem interferência de outra faculdade e se coloca diante do limite próprio de sua potência, produzindo uma intensidade que será transmitida num encadeamento divergente às outras faculdades. Deleuze fala em educar os sentidos, em procurar fazer nascer na sensibilidade essa potência que a torna capaz de apreender um signo. Pois o signo não é da ordem do empírico, não é um objeto reconhecível pelos mecanismos da recognição. No encontro, a sensibilidade sente o signo desde "tonalidades afetivas" na medida em que ele é portador de um problema, suscita um problema, é a abertura de um novo campo de problematização, sendo que aprender é exatamente penetrar na espessura de um problema. O signo se define a partir dos "estados livres e selvagens da diferença em si mesma", que necessariamente se expressam no encontro como um arrebatamento, uma estranheza, uma inimizade, uma irrecognição, que podem se efetivar na experiência, por exemplo, a partir de um acontecimento estético (um quadro, um filme, um livro) ou político (uma rebelião, uma manifestação popular) ou filosófico (um conceito) ou ainda muitos outros.

Estamos em condições de saber o que se passa quando somos confrontados com a força de um encontro que destitui a sensibilidade de seu poder de sentir, que é inimaginável, que silencia a memória, que é inapreensível para o entendimento? Como fazer frente à potência intensiva que nos chega de maneira avassaladora, destituindo em nós as prerrogativas do sujeito reflexivo que fazia orbitar em torno dele as demais faculdades com vistas ao reconhecimento do objeto? Como evitar que essa perda da unidade não seja o total desabamento de uma organização com muito custo construída, como evitar mergulhar num desesperado silêncio?

As artes oferecem os exemplos mais claros a esse respeito. Elas se propõem disruptivas para a sensibilidade socialmente ajustada, conformada com a harmonia entre as faculdades, tendo em vista o prazer do reconhecimento. Longe de se satisfazer com a harmonia, as artes devem ser capazes de produzir potências intensivas tais que levem a um deslocamento naqueles que são afetados por ela. Uma voz como a de Elza Soares que canta, num refrão insistente e atormentador, "a carne mais barata do mercado é a carne negra" é a perfeita apoteose dessa irrupção, na sensibilidade de seu ouvinte, da diferença intensiva que o obriga a sair do conforto de uma visão política que supõe ser possível fazer justiça social sem combater o racismo.

Em sociedades em que há alguma participação popular, seja em processos eleitorais e conselhos consultivos, seja na livre manifestação dos corpos e da palavra, a tomada de poder por um golpe, militar ou jurídico-parlamentar, isto é, pela força das armas ou pela força de uma trama jurídica ficcional (como foi o caso do *impeachment* da presidenta Dilma Rousseff no Brasil), tem um imenso potencial disruptivo para os indivíduos que o sofrem. Vive-se uma experiência de anomia no âmbito coletivo, de descrença no seu poder próprio de sustentar posições políticas no âmbito individual. Por outro lado, um fato como esse dá ensejo a que se constituam formas novas de participação política à revelia das instituições, como a construção de coletivos ligados a minorias (mulheres, negros, indígenas, LGBTQIA+, estudantes de escolas públicas, etc.) como forma de amplificar as vozes e multiplicar as potências dos corpos, num devir minoritário da política, capaz inclusive de contagiar os movimentos tradicionais, como os partidos de esquerda e os sindicatos.

Ainda, esse encontro intensivo que destitui o sujeito de uma conformação identitária pode ser da ordem de uma experiência afetiva, quando um amor ou uma amizade colocam a faculdade sensível em polvorosa ao introduzir na sensibilidade outros cheiros, outros sabores, outras texturas, outras paisagens, de maneira que nada se assunta mais com a lembrança, com a imaginação e torna impossível qualquer reconhecimento: está-se diante da plena novidade.

Outro modo de sofrer essa diferença intensiva diz respeito à besteira: é estar mergulhado de tal maneira na besteira ao ponto de não mais tolerá-la e, ainda, de tornar-se capaz de impor a esse fundo uma marca de singularização. Como vimos, a besteira é esse fundo que sobe à superfície através do sujeito sem perder a sua deformidade e a sua disformidade quando o sujeito é incapaz de lhe dar uma *forma* e se vê tomado completamente por sua face bestial e hedionda: nesse caso, ele é levado a reproduzir os clichês majoritários, as palavras de ordem, as ideias já pensadas e as respostas já dadas, com todo "o terror e a atração que esse fundo suscita" quando ele penetra no sujeito dessa maneira. Para ser capaz de pensar algo, é preciso impor a esse fundo uma marca de singularização ao produzir, a partir dele, um novo campo de problematização que se imponha sobre a besteira, que produza a discordância e o dissenso em relação a ela e que conduza à criação de novas ideias.

Quando pensada em relação à educação, a besteira pode ser inclusive uma inaptidão exatamente para "constituir, apreender e determinar um problema"[27]. Grande parte do sistema escolar está construído sobre a ilusão de que mais importante são as soluções aos problemas e que basta chegar numa resposta para que o problema desapareça. Como se pensar se resumisse ao processo de busca de uma resposta ou de procura por soluções. Como se os próprios problemas não fossem construídos no mais das vezes sobre as ideias vigentes, suscitando respostas que servem apenas para reiterá-las. Ora, agindo dessa maneira, aplicando-se nessa tarefa que a escola gentilmente lhe oferece, o ou a estudante está apenas exercitando sua obediência à autoridade da verdade previamente atribuída ao problema, cuja resposta serve como a reiteração dessa verdade. Se a autoridade é ainda elemento importante no aprendizado, essa autoridade deve provir da tarefa compartilhada de constituir os seus próprios problemas e as suas próprias questões. A autoridade atinge a impessoalidade de um campo transcendental onde os problemas não são dados, mas são produzidos.

27. *Diferença e repetição*, p. 229 [207].

Pode-se, a partir desse critério de constituição dos problemas, distinguir entre aprender e saber: saber é tomar posse das generalidades do conhecimento e das regras das soluções dos problemas; diferentemente, aprender é "penetrar na espessura de um problema"[28] lá onde não há a distinção entre o objetivo e o subjetivo, entre o dado empírico e a consciência psicológica, entre o não saber e o saber: aprender é sempre um devir...

> O aprendiz eleva cada faculdade ao exercício transcendente. Ele busca fazer nascer na sensibilidade esta segunda potência que apreende o que só pode ser sentido. É esta a educação dos sentidos. E de uma faculdade à outra, a violência se comunica [...]. A partir de que signos da sensibilidade, por meio de que tesouros da memória será o pensamento suscitado, sob torções determinadas pelas singularidades de que Ideia? Nunca se sabe de antemão como alguém vai aprender – por quais amores alguém se torna bom em latim, por quais encontros se é filósofo, em quais dicionários se aprende a pensar. Os limites das faculdades se encaixam uns nos outros sob a forma quebrada daquilo que traz e transmite a diferença. Não há métodos para encontrar tesouros nem para aprender, mas um violento adestramento, uma cultura ou paideia que percorre inteiramente todo o indivíduo. [...] A cultura é o movimento de aprender, a aventura do involuntário, encadeando uma sensibilidade, uma memória, depois um pensamento, com todas as violências e crueldades necessárias.[29]

Em suma, talvez possamos definir, a partir da filosofia deleuziana, o pensamento desde esse processo em que a multiplicidade que somos individualiza pontos de vista no contato com o mundo constituído por variações intensivas. A exterioridade deixa de ser a homogeneidade da representação e se torna heterogeneidade porque ela de fato se compõe de uma multiplicidade de forças. Essa multiplicidade não exclui de si a presença dos sujeitos, mas não se trata mais de sujeitos que se reconhecem a partir da identidade do *eu penso* reflexivo – os sujeitos perderam a centralidade do ponto de vista a partir do qual reconstituíam o mundo; são, antes, sujeitos larvares, sujeitos-problema, sujeitos em devir, ou,

28. *Diferença e repetição*, p. 236 [214].
29. *Diferença e repetição*, p. 238 [214-215].

mais precisamente, devires-minoritários. Liberado da subordinação ao sujeito reflexivo como portador prévio de parâmetros para o reconhecimento do mundo, o pensamento se constitui como uma força coletiva de apropriação das variações intensivas que se apresentam como diferença e que lhe suscitam movimentos. Trata-se de um devir-minoritário porque se insurge contra o que fazia do mundo algo pronto e mero objeto de reconhecimento. O devir-minoritário seria, portanto, esse movimento intensivo do pensamento, essa exigência de ação problematizadora contra o assujeitamento às ideias estabelecidas.

Evidentemente, os desafios são imensos. Os devires-minoritários têm de se haver com uma visão de mundo totalitária, reiterada cotidianamente como a única via possível. Há décadas o neoliberalismo tem se imposto como tal visão de mundo, em que só tem valor quem se submete à lógica da concorrência e ao empenho incessante na autossuperação como meio para extrair de si mesmo uma mais-valia, em proveito do capital. Esse processo, Christian Laval chama de *imaginário da performance*, que é uma forma de existência fundada na própria lógica do capital que, além de forma social, se torna regra de vida[30]. De modo que, em lugares como o Brasil, mesmo acossados por um vírus mortal, na pandemia de SARS-COV-2, milhões de trabalhadores e trabalhadoras foram empurrados por governantes e patrões a uma lida cotidiana que os expôs ao contágio próprio e de seus familiares, contribuindo assim para ceifar centenas de milhares de vida.

Diante disso, os devires-minoritários implicam numa recusa coletiva em se submeter a esse processo e a essas maneiras de existir baseadas na exploração irrefreada da potência vital dos corpos, das coletividades, dos biomas, das culturas, produzindo a exaustão, a doença e a morte em troca de uma riqueza concentrada cada vez mais nas mãos de poucas pessoas.

Pensar é, assim, essa potência intensiva e problematizante que se volta contra o que aprisiona e asfixia a vida numa totalidade

---

30. Laval, A pandemia de Covid-19 e a falência dos imaginários dominantes.

brutal. É produzir mundos alternativos e inventar coletivamente novas maneiras de experienciar a vida, é multiplicar os devires e afirmar a vida em toda sua potência livre e criadora.

Agradecimentos

Este livro deve muito à interlocução com meus alunos e minhas alunas da Universidade Federal de São Paulo, nas aulas na graduação e na pós-graduação em Filosofia, nas orientações e no Grupo de Pesquisa sobre a Filosofia da Diferença. Uma parte do livro começou a ser desenvolvida quando fiz uma pesquisa de pós-doutorado com financiamento da FAPESP, há mais de 10 anos. A participação em eventos ligados ao Grupo de Trabalho Deleuze/Guattari da ANPOF e a fecunda convivência com pesquisadores e pesquisadoras desse coletivo espetacular também contribuíram para o aprimoramento do texto. A todo/as agradeço imensamente. À parte, gostaria de agradecer ainda nominalmente àquele/as com os quais pude discutir algumas das primeiras elaborações das ideias presentes aqui, textuais ou não, e que generosamente ajudaram com comentários e discussões: Adriano Ferraz, Amanda Romão, Bernardo dos Santos, Carlos Cunha, Ivan Resaffi, Lourenço Queiroz, Mariana Barbosa, Matheus Rodrigues, Thiago Leite e Yasmin Teixeira. Agradeço a Peter Pelbart e a Cynthia Sarti, pela confiança e generosidade. Um agradecimento especial à minha principal mentora, a professora Marilena Chauí; sem as suas aulas e cursos extraordinários, sem a sua orientação precisa e seu engajamento político lúcido e corajoso, a filosofia provavelmente não teria sido mais que uma série de desencontros para mim.

Sobre o autor

Sandro Kobol Fornazari é professor do Departamento de Filosofia da Universidade Federal de São Paulo, desde 2010. Tem formação em Filosofia, graduação e pós-graduação, na Universidade de São Paulo. Leciona e realiza orientações de mestrado e doutorado sobre filosofia francesa e filosofia política contemporâneas, bem como prática de ensino de filosofia. Tem um livro publicado sobre a filosofia nietzschiana e diversos artigos e capítulos de livros, em grande parte sobre e a partir da filosofia de Deleuze e Guattari, inclusive dois ensaios sobre o cinema de Glauber Rocha. Coordenou a organização do livro *Deleuze hoje*, pela Editora Unifesp. Foi um dos criadores, em 2011, do Grupo de Trabalho Deleuze e Guattari, vinculado à Associação Nacional de Pós-Graduação em Filosofia, que tem sido um dos mais relevantes fóruns de debates, bem como de fomento de novos estudos em torno dessa filosofia e de suas interconexões com as questões contemporâneas mais prementes. E, o mais importante, é pai do Romeu.

Referências bibliográficas

ALLIEZ, É. *Deleuze, filosofia virtual*. Tr. Heloisa B. S. Rocha. São Paulo: 34, 1996.

_____. (org.). *Gilles Deleuze: uma vida filosófica*. São Paulo: 34, 2000.

ARISTÓTELES. *Metafísica*. Tr. Leonel Vallandro. Porto Alegre: Globo, 1969.

_____. Tópicos. *Aristóteles*. Vol. I. 4ª ed. Tr. Leonel Vallandro; Gerd Bornheim. São Paulo: Nova Cultural, 1991 (Os pensadores).

AUBENQUE, P. *Le problème de l'être chez Aristote*. 5ª ed. Paris: PUF, 1983.

BARBOSA, M. T. *A ética em Deleuze: um corpo que avalia e experimenta*. Tese (Doutorado em Filosofia). Universidade Federal do Rio de Janeiro/Université Paris Nanterre, Rio de Janeiro, 2012.

BERGSON, H. *A evolução criadora*. Tr. Bento Prado Neto. São Paulo: Martins Fontes, 2005.

_____. *Matéria e memória*. 2ª ed. Tr. Paulo Neves. São Paulo: Martins Fontes, 1999.

BLANCHOT, M. *L'espace littéraire*. Paris: Gallimard, 2012.

CRAIA, E. C. P. *A problemática ontológica em Gilles Deleuze*. Cascavel: Edunioeste, 2002.

CUNHA, C. F. C. *Conexões entre Gilles Deleuze, a etnologia e as sociedades quilombolas do Vale do Ribeira*. Dissertação (Mestrado em Filosofia). Escola de Filosofia, Letras e Ciências Humanas, Universidade Federal de São Paulo, Guarulhos, 2016.

DELEUZE, G. *Bergsonismo*. Tr. Luiz B. L. Orlandi. São Paulo: 34, 1999.

_____. *Conversações 1972-1990*. Tr. Peter P. Perlbart. São Paulo: 34, 1992.

_____. *Crítica e clínica*. Tr. Peter P. Pelbart. São Paulo: 34, 2004.

_____. *Deux régimes de fous*. Textes et entretiens 1975-1995. Paris : Minuit, 2003.

_____. *Diferença e repetição*. 2ª ed. Tr. Luiz Orlandi; Roberto Machado. Rio de Janeiro: Graal, 2006.

_____. *Différence et répétition*. 12ª ed. Paris: PUF, 2013.

_____. *Empirismo e subjetividade*. Ensaio sobre a natureza humana segundo Hume. 2ª ed. Tr. Luiz Orlandi. São Paulo: 34, 2012.

_____. *A filosofia crítica de Kant*. Tr. Germiniano Franco. Lisboa: 70, 2000.

_____. *Francis Bacon: logique de la sensation*. Paris: Du Seuil, 2002.

_____. Imanência: uma vida. Tr. Sandro K. Fornazari. *Revista Limiar*. V. 2, n. 4, 2º sem. de 2015.

_____. *Lógica do sentido*. 4ª ed. Tr. Luiz R. Salinas Fortes. São Paulo: Perspectiva, 1998.

_____. *Logique du sens*. Paris: Minuit, 2012.

_____. *Nietzsche et la philosophie*. 5ª ed. Paris: PUF, 2005.

_____. Pensamento nômade. Tr. Milton Nascimento. In: MARTON, S. (org.) *Nietzsche hoje?* Colóquio de Cerisy. São Paulo: Brasiliense, 1985.

_____. *Proust e os signos*. 2ª ed. Tr. Antonio C. Piquet; Roberto Machado. Rio de Janeiro: Forense Universitária, 2003.

DELEUZE, G.; GUATTARI, F. *O anti-Édipo*. Tr. Luiz B. L. Orlandi. São Paulo: 34, 2010.

_____. *Mil platôs*. Vol. 4. Tr. Suely Rolnik. São Paulo: 34, 2002.

_____. *Mil platôs*. Vol. 5. Tr. Peter Pelbart e Janice Caiafa. São Paulo: 34, 1997.

_____. *O que é a filosofia?* 2. ed. Tr. Bento Prado Jr.; Alberto A. Muñoz. Rio de Janeiro: 34, 1997.

DESCARTES, R. *Discurso do método*; *Meditações*. Tr. J. Guinsburg; Bento Prado Jr. São Paulo: Nova Cultural, 1996 (Os pensadores).

FANON, F. *Os condenados da Terra*. Tr. José Laurênio de Melo. Rio de Janiero: Civilização Brasileira, 1968.

_____. *Pele negra, máscaras brancas*. Tr. Renato da Silveira. Salvador: EDUFBA, 2008.

FAUSTINO, L. B. *Entrecruzamentos do filosófico com o literário: devir pelas veredas do* Grande Sertão. Dissertação (Mestrado em Filosofia). Escola de Filosofia, Letras e Ciências Humanas, Universidade Federal de São Paulo, Guarulhos, 2019.

FERRAZ, A. H. de S. *A crítica das representações e a sintaxe de Foucault*: subjetividade e literatura em *As palavras e as coisas*. Dissertação (Mestrado em Filosofia). Escola de Filosofia, Letras e Ciências Humanas, Universidade Federal de São Paulo, Guarulhos, 2014.

_____. *Para uma estética do desaparecimento em Maurice Blanchot: a diferença interna da morte, a forma vazia do tempo e como Gilles Deleuze empregou estes conceitos*. Tese (Doutorado em Filosofia). Escola de Filosofia, Letras e Ciências Humanas, Universidade Federal de São Paulo, Guarulhos, 2018.

FOUCAULT, M. *Dits et écrits*. I. 1954-1975. Paris: Gallimard, 2001.

_____. "Theatrum Philosophicum". In: _____. *Arqueologia das Ciências e História dos Sistemas de Pensamento*. Trad. Elisa Monteiro. 2. ed. Rio de Janeiro, Forense Universitária, 2008.

_____. *As palavras e as coisas*. 8ª ed. Tr. Salma T. Muchail. São Paulo: Martins Fontes, 2002.

FORNAZARI, S. K. A crítica genealógica no limiar da filosofia da diferença. *Revista trágica: estudos sobre Nietzsche*. Vol. 3, n. 2 (2º sem. 2010), p. 122-131.

_____. (coord.). *Deleuze hoje*. São Paulo: Fap-Unifesp, 2014.

_____. A diferença e o eterno retorno. *Cadernos Nietzsche*, n. 20 (2006), p. 19-32.

_____. *O esplendor do ser: a composição da filosofia da diferença em Gilles Deleuze (1952-1968)*. Tese (Doutorado em Filosofia). Faculdade de Filosofia, Letras e Ciências Humanas, Universidade de São Paulo, São Paulo, 2005.

_____. Filosofia e autoria: *Ecce homo* à luz de Barthes e Derrida. *Ensaios filosóficos*, vol. III (abril/2011).

_____. Gilles Deleuze e o cinema de Glauber Rocha. ISKANDAR, Jamil I.; PAIVA, Rita. (orgs.) *Filosofemas II*: arte, ciência, ética e existência, política, religião. São Paulo: Unifesp, 2016.

GALLO, S. *Deleuze & a educação*. 3ª ed. Belo Horizonte: Autêntica, 2013.

GIL, J. *O imperceptível devir da imanência*. Lisboa: Relógio D'Água, 2008.

GOLDSCHMIDT, V. Tempo histórico e tempo lógico na interpretação dos sistemas filosóficos. *A religião de Platão*. Tr. Ieda e Oswaldo Porchat Pereira. São Paulo: Difel, 1963.

GUALANDI, A. *Deleuze*. Tr. Danielle O. Blanchard. São Paulo: Estação Liberdade, 2003.

GUÉROULT, M. Avant-Propos. *Descartes selon l'ordre des raisons*. Paris: Aubier, 1968.

HOOKS, B. *Ensinando a transgredir: a educação como prática da liberdade*. 2ª ed. Tr. Marcelo B. Cipolla. São Paulo: WMF Martins Fontes, 2017.

HUME, D. *Tratado da natureza humana*. Tr. Déborah Danowski. São Paulo: UNESP/IOE, 2001.

KANT, I. *Crítica da razão pura*. Tr. Manuela P. dos Santos; Alexandre F. Morujão. Lisboa: Fundação Calouste Gulbenkian, 6. ed., 2008.

LAPOUJADE, D. *Deleuze, os movimentos aberrantes*. Laymert G. dos Santos. São Paulo: n-1, 2015.

LAVAL, C. A pandemia de Covid-19 e a falência dos imaginários dominantes. Tr. Elton Corbanezi. https://www.n-1edicoes.org/textos/150. Acessado em 3/5/2021.

LEBRUN, G. *La patience du concept*. Essai sur le Discours hégélien. Paris: Gallimard, 1972.

LECLERCQ, S. (org.) *Aux sources de la pensée de Gilles Deleuze 1*. Mons: Vrin/Sils Maria, 2005.

MACHADO, R. *Deleuze e a filosofia*. Rio de Janeiro: Graal, 1990.

MBEMBE, A. *Crítica da razão negra*. São Paulo: n-1, 2018.

NIETZSCHE, F. *Além do bem e do mal*. Tr. Paulo C. de Souza. São Paulo: Cia. das Letras, 1993.

ONETO, P. D. A nomadologia de Deleuze-Guattari. *Lugar comum*, n. 23-24 (junho 2010), p. 147-161.

ORLANDI, Luiz B. L. Linhas de ação da diferença. In: ALLIEZ, Éric (org.). *Gilles Deleuze: uma vida filosófica*. São Paulo: 34, 2000.

PELBART, Peter P. *O tempo não-reconciliado*. São Paulo: Perspectiva/Fapesp, 1998.

PLATÃO. *República*. Tr. J. Guinsburg. São Paulo: Difel, 1973.

_____. Sofista. Tr. Jorge Paleikat: João Cruz Costa. *Diálogos*. 5ª ed. São Paulo: Nova Cultural, 1991 (Os pensadores).

PROUST, M. *Nos caminhos de Swann*. Tr. Mário Quintana. São Paulo: Abril Cultural, 1979.

QUEIROZ, L. da S. *Para uma cartografia da servidão inconsciente em* O anti-Édipo *de Deleuze e Guattari*. Dissertação (Mestrado em Filosofia). Escola de Filosofia, Letras e Ciências Humanas, Universidade Federal de São Paulo, Guarulhos, 2019.

RODRIGUES, M. B. *Deleuze e a filosofia de Maïmon*. Dissertação (Mestrado em Filosofia). Escola de Filosofia, Letras e Ciências Humanas, Universidade Federal de São Paulo, Guarulhos, 2020.

SANTOS, B. T. Do papel da história da filosofia no procedimento deleuziano. In: FORNAZARI, S. K. (coord.). *Deleuze hoje*. São Paulo: Fap-Unifesp, 2014.

SAUVARNARGUES, A. *Deleuze: L'empirisme transcendantal*. Paris : PUF, 2009.

SILVA, C. D. L. *Deleuze e Bergson. Tensão, esforço e fadiga na instauração filosófica*. Tese (Doutorado em Ciências Humanas). Universidade Federal de São Carlos, São Carlos, 2013.

SILVA, C. V. *Corpo e pensamento: alianças conceituais entre Deleuze e Espinosa*. Campinas: Unicamp, 2013.

SPINOZA, B. *Ética*. Tr. Tomaz Tadeu. 2ª ed. Belo Horizonte: Autêntica, 2008.

TEIXEIRA, Y. de O. A. *O problema do fundamento e a aurora da diferença na filosofia de Gilles Deleuze*. Dissertação (Mestrado em Filosofia). Escola de Filosofia, Letras e Ciências Humanas, Universidade Federal de São Paulo, Guarulhos, 2018.

ZOURABICHVILI, F. *Deleuze: une philosophie de l'événement*. 2ª ed. Paris: PUF, 1996.

_____. *O vocabulário de Deleuze*. Tr. André Telles. Rio de Janeiro: Relume Dumará, 2004.

n-1

O livro como imagem do mundo é de toda maneira uma ideia insípida. Na verdade não basta dizer Viva o múltiplo, grito de resto difícil de emitir. Nenhuma habilidade tipográfica, lexical ou mesmo sintática será suficiente para fazê-lo ouvir. É preciso fazer o múltiplo, não acrescentando sempre uma dimensão superior, mas, ao contrário, da maneira mais simples, com força de sobriedade, no nível das dimensões de que se dispõe, sempre n-1 (é somente assim que o uno faz parte do múltiplo, estando sempre subtraído dele). Subtrair o único da multiplicidade a ser constituída; escrever a n-1.

Gilles Deleuze e Félix Guattari

n-1edicoes.org

v. a29386d